热土

献 给 祖 国 的 颂 歌

郭曰方
著

广西科学技术出版社
·南宁·

图书在版编目（CIP）数据

热土：献给祖国的颂歌 / 郭曰方著 .—南宁：广西科学技术出版社，2022.8（2023.3 重印）
ISBN 978-7-5551-1829-9

Ⅰ. ①热… Ⅱ. ①郭… Ⅲ. ①诗集—中国—当代
Ⅳ. ①I227

中国版本图书馆CIP数据核字（2022）第134210号

RETU XIANGEI ZUGUO DE SONGGE

热土 献给祖国的颂歌

郭曰方 著

策划组稿：罗煜涛　　责任编辑：李宝娟　李　媛
责任校对：方振发　　装帧设计：韦娇林
责任印制：韦文印

出 版 人：卢培钊
出版发行：广西科学技术出版社
社　　址：广西南宁市东葛路 66 号　　邮政编码：530023
网　　址：http://www.gxkjs.com

经　　销：全国各地新华书店
印　　刷：广西民族印刷包装集团有限公司
地　　址：南宁市高新区高新三路 1 号　　邮政编码：530007

开　　本：787 mm × 1092 mm　1/16
字　　数：169 千字　　印　　张：19
版　　次：2022 年 8 月第 1 版　　印　　次：2023 年 3 月第 2 次印刷
书　　号：ISBN 978-7-5551-1829-9
定　　价：48.00 元

作者简介

郭曰方，中国科学院文学艺术联合会名誉主席，俄罗斯艺术科学院荣誉院士，意大利艺术研究院荣誉院士，中国作家协会会员。高级编辑，享受国务院政府特殊津贴专家。

曾任中国驻索马里大使馆随员，对外经济联络部、中国科学院、国家科学技术委员会、中共中央办公厅、国务院办公厅等部（委、院、厅）秘书，中国科学报社总编辑，中国科学院院机关党委书记，中国科普作家协会副理事长兼科学文艺委员会主任。

迄今，已出版诗集、散文集、纪实文学、科普、书画等作品100余部，主编、编审著作200余部。著作被翻译成英语、俄语、日语等多语种在世界各地传播。在中宣部、教育部、团中央支持下，诗歌作品在全国重点高校举办了近50场主题为“科学与祖国”的专场朗诵演唱会；全国各地自发组织的专场朗诵会和网上朗诵会不计其数。

荣获“中国新诗百年·百位最具影响力诗人”“有突出贡献的科普作家”称号；荣获“北京市科学传播人终身成就奖提名奖”“红色诗歌终身成就奖”“王麦林科学文艺创作奖”“中国科学院文学艺术联合会终身成就奖”等奖项。多次荣获国家级及省部级图书奖。

诗在热土
（序）

许木启

斗转星移，秋去冬来。郭曰方先生39岁罹患胃癌，与癌症抗争42个春秋，如今虽已年届耄耋，仍在笔耕不辍，诗如泉涌，佳作连篇，著作等身，实在令人钦佩！

郭曰方先生说，这一生，他只做了一件事：与科学同行，为科学家服务，为科学代言，为科学家立传。在过去几十年的漫长岁月里，他都在科学家身边工作，我国很多著名科学家都是他的良师益友。在工作之余，特别是退休之后，他创作了大量讴歌科学历程、颂扬科学家业绩、赞美科学家精神的诗歌和散文，在国内外产生了广泛影响，被誉为“中国科学诗人”。中宣部、教育部、团中央曾组织各有关省（自治区、直辖市）委宣传部，在全国重点高校和科研院所举办他的“科学与祖国”诗歌朗诵演唱会数十场。各地自发组织的朗诵会更是不计其数。他的一部分著作，荣获全国优秀科普图书奖，并被国家出版主管部门列入农家书屋、亲子教育图书和学生假期阅读的推荐书目。其中，《共和国科学家颂——52位中国科学家的故事》已被收入《中国现当代文学馆精装典藏本》；俄罗斯、美国、日本、意大利等许多国家出版发行了他的著作。他获“中国新诗百年·百位最具影响力诗人”殊荣，还先后获“北京市科学传播人终身成就奖提名奖”“中国科学院文学艺术联合会终身成就奖”“有突出贡献的科普作家”“王麦林科学文艺创作奖”“红色诗歌终身成就奖”“王羲之·顾恺之书画大师奖”等众多荣誉。2020年，郭曰方先生被选聘为俄罗斯艺术科学院荣誉院士，2022年被聘为意大利艺术研究院荣誉院士。

纵览郭曰方先生数十本诗歌、散文集，我的最深感受是，这些著作始终贯穿着一个鲜明的主题——科学与祖国。人们常说，科学没有国界，科学家有祖国。弘扬爱国主义精神和科学家精神，是郭曰方先生诗歌最鲜明的特色。他的诗歌作品，无论是写人、写事、写情、写景，都将我国不同科学领域、不同时代杰出科学家的科学精神、重大贡献、爱国情怀、博大胸襟，用现代诗歌的表现方式与意识流的艺术技巧，挥洒得淋漓尽致、活灵活现！我每次读了他的那些富有激情、浪漫与想象的诗歌，不但自己的思想与情感得到陶冶与升华，而且也得到诗歌艺术美的欣赏与享受！

2019年，中华人民共和国成立70周年，广西科学技术出版社推出了郭曰方先生的《脊梁：献给共和国科学家的颂歌》；2021年，该社出版了《报国：诗画共和国功勋科学家》（杨华配画）；2022年，该社又出版他的新作《热土：献给祖国的颂歌》。这三部作品被誉为歌颂科学与祖国的三部曲。2019年、2020年中原出版集团海燕出版社先后出版的《亲爱的祖国》、《战疫之歌》（美国普利尼斯出版社同年10月出版英文版，全球发行），加之2000年广西科学技术出版社出版的《科学精神颂》（与郑培明合作）、2004年广西科学技术出版社出版的《精彩人生——人民科学家颂》，2007年江西高校出版社出版的《共和国科学家颂》（初版、增订版两种），2013年科普出版社出版的《科学的星空》，2017年科普出版社出版的《科学大师神韵》（杜爱军绘画），2021年安徽教育出版社出版的音像电子图书《中国科学家诗画诵》（杜爱军画，朗诵者诵读）、《赞歌献给您——可敬可爱的中国科学家》等13部厚重的系列诗集，彰显了郭曰方先生在文学创作中所遵循的一个创作思想：弘扬时代主旋律，歌颂科学与祖国，坚持文学创作为人民服务！特别是在与癌症抗争的42年时间里，他创作和主编的各类著作逾300部。其间，他还在北京举办了“郭曰方书画展”，出版书画集5部。2021年俄罗斯艺术科学院出版的《大家真迹》大型精装画册，还专门收入了郭曰方先生的三幅山水画作。中国邮政集团有限公司还先后专门为他出版了庆祝中国共产党成立100周年·百年中国名家名作《大型文献类珍藏邮册·郭曰方卷》《喜迎党的二十大、庆祝建军九十五周年当代中国大作大型文献类珍藏邮册》，分别精选了他的20多幅山水画制作成精美邮票发行；他有几部诗歌、散文著作都是自己亲自配画插图的。由此可见，他的国画也达到相当高的水平。许多画家认为，郭曰方的书画作品具有文学性、哲学性和抒情性，笔法细腻而灵动，充满诗情画意。郭曰方的画是诗，郭曰方的诗是画，可谓诗画联璧，相映生辉！他用画笔表达的同样是对祖国、对生命的热爱和对真善美的追求。人们常说“诗画同源”，大概就是这个道理。42年来，他不仅与癌症抗争，谱写了一曲生命的吟唱（经《北京晚报》读者票选，荣获“北京市抗癌明星”称号），而且在诗歌与绘画两个领域笔耕不辍，成绩斐然，即便是专业作家，也并不多见。可以想象，这需要付出多么巨大的心血！需要怎样的情怀、怎样的毅力、怎样的精神？！是什么力量促使他克服常人难以想象的困难，以饱满的激情高唱时代的正气歌？！

我与郭曰方先生都是中国科学院老科学家科普演讲团团员，每年他奔波于全国各地，应接不暇。据我所知，他是全国最受欢迎的讲课老师之一。每次讲课，他都结合自己的亲身经历，用丰富而翔实的第一手资料、生动感人的图片，饱含深情地向各地的领导干部、公务员、军人、学生系统而又生动地讲述我国老一代科学家的故事，以及他们立志报国、服务国家的爱国情怀和对科研事业坚持不懈、勇往直前、精益求精、呕心沥血、百折不挠的科学精神。他讲课时那种神采奕奕的风度和风采，充满深情而富于诗意的语言，独具魅力的代入感，对全场听众情绪的掌控游刃有余，将一个个鲜活的科学家高大形象带到听众的面前！许多听众都被他那朴实无华、娓娓道来的精彩演讲感动得热泪盈眶。演讲结束了，很多听众久久不愿离开！很多地方政府和学校热切要求加场加课。每天完成繁重的讲课任务回到宾馆后，他几乎累倒在床上。2021年，笔者有幸受邀到郭曰方先生的家乡河南省新乡市原阳县中学讲授生态和环境保护课程，三天讲课的课余之间我都发现，无论是领导干部、教师还是学生或普通民众，只要谈起郭曰方先生，他们无不都伸出大拇指，露出满脸骄傲的笑容……

人们常说，文如其人。我在一篇文章中写道，郭曰方先生写诗美不胜收、动人心灵，郭曰方先生做人善良真诚、德高望重。记得郭曰方先生在一篇诗歌讲座的文章里曾经说过：“为文，当首先学会做人，文章才有气度，才有精神。为诗、为书、为画，除天才性灵和学问修养外，诗书画家的品德、气质和思想，尽在其中。同是寥寥数笔，现于楮墨之间，乃因方家不同，其风骨气韵，盖亦迥然各异，此非模拟可得也。”

在2022年春节前夕举办的郭曰方诗歌专场朗诵会上，朗诵家强海波这样点评郭曰方的诗歌：“朗诵者总会与优秀的诗人惺惺相惜。我以前并不认识郭老，只是因为这场朗诵会创造的机缘，才接触到郭老这些令人感动、直达心灵的诗文。”

强海波还说，郭曰方先生的诗文给我的感受可以用这么三句话概括：

第一句话：诗心傲骨，贫贱不移。诗人有傲骨，他的傲骨体现在他坚定的人生信仰。他的诗文总是与时代齐鼓角，同大爱共铮鸣，与国家民族的梦想同振频。读之可感生命焕发、正能量满满。在《黄河》一诗中，郭曰方先生写道，“没有谁/可以阻挡你滔滔奔流的定力/没有谁/能够扑灭你排山倒海的魂魄”“十四亿中华儿女/追随你的脚步/放开喉嗓/一路高歌/两个百年愿景/唱响的/是一曲改革开放/和平崛起/富民强国的追梦之歌”。而在《历史性的跨越——祝贺“嫦娥一号”发射成功》中有“我们竟然可以/清晰听到/嫦娥姑娘美妙的歌喉/那‘五星红旗迎风飘扬/胜利的歌声多么嘹亮……’的优美旋律/怎不叫人心潮激荡/令人心驰神往”。我们看到那位白发老人坚定地立于科学基石之上，融注爱国情愫，堪为人民科普、志为人民写诗。

第二句话：上善若水，烟火情真。诗心如人品，郭老就像水的品性一样，泽被万物而不争名利。郭老的诗如同他的画，空蒙中有可见之美境，静朗里有奔涌之思潮。可以工笔描摹细若纤尘，更有写意春秋大爱无边。文风质朴如春泥，又浪漫如天空。在《那天晚上没有月亮》中我读到：“那天晚上没有月亮/只有星星/在湖面躲藏/鱼儿吹起细浪/与荷花私语/是谁走过小桥/裙裳飘曳/长发飞扬/风很香很香……”我曾忍不住跟郭老说：“您的诗里有故事，展开来可拍成电影。”郭老却说：“文字源于生活，习诗六十载，一直探索……”他的谦逊同他的才华形成鲜明的对比。有人说诗就要朦胧化，似乎只有似是而非、让人懵懵懂懂的才叫诗，而当今诗圈里就有一些没有灵魂的诗就像随风而起的白色垃圾满天飞，试问这些东西，它能带给人什么？！又能让天真的孩子们得到什么？！我们再回观郭老的诗，总有一个坚定的灵魂驻于其间，毫不晦涩，爱得晴朗、恨得分明，音韵美流淌其间，读之朗朗上口，在给人以深刻印象的同时，带给心灵温暖的慰藉，更有勇毅前行的力量。

第三句话：平易近人，胸怀远方。郭曰方先生从不以名位自居，与他交流是那样的容易、那样的舒服，他更像我们的一位温厚可亲的长辈。面对荣誉和赞扬，他总是谦逊地说："我只是个诗歌爱好者、普普通通的退休老人。"然而，读郭老的诗却顿感清新而成熟、隽永而高雅，绝非普通之作。读之总能嗅到一缕素心柔香，暖暖地陶醉我们的心灵。他的诗中都有一颗纯净的灵魂，它闪光比金，而生命如木；它洁净如水，却热忱似火。郭老秉承一个理念——"认定目标，锲而不舍""既然选择了远方，便只顾风雨兼程"，这也佐证了他始终胸怀高远却能淡然如水、不为名利而逐。诗如其人，功在诗外。一位81岁仍奋斗于国家重要岗位的老人却始终秉承着坚毅的责任和担当，俯首甘为孺子牛，永远跳动着一颗年轻的心脏。以梦为马，化笔为犁，耕耘诗坛60余载，志在家国崛起情，韶华写大爱，笑对人生疾苦，忠诚熔铸诗行，如铮铮琴弦弹奏出生命的吟唱。这就是我眼里和心中可亲可敬的郭老。

（以上三段引自强海波先生讲话）

写好诗，必须先学好做人。读《热土：献给祖国的颂歌》诗集，我顿有所悟。人们常说，诗在远方。其实，诗在故乡，诗在热土，诗就在诗人脚下。《热土：献给祖国的颂歌》这部诗集忠实记录了郭老走过的人生轨迹和心灵感受。

郭曰方先生的少年时代是在豫北黄河岸边度过的。自离开故乡后，他的足迹遍布全国及世界各地，经历了中华人民共和国成立后的重大历史事件，穿越了太多太多的风风雨雨，尝尽了人世间太多太多的苦辣酸甜。然而，他始终魂牵梦绕的还是他的故乡，还是那令他魂牵梦萦的黄土地！他在《走出童年》这首诗里写道：

走出童年 已经走得这样久远
可我怎么也走不出
那深情的呼唤
故乡的小河 故乡的山峦
故乡的阡陌 故乡的炊烟
还有 还有那曾经教我

歪歪斜斜学步的小路
总在尘封的岁月里 延伸扩展
纵然 人生的海洋里如此风急浪高
故乡啊 我又怎能忘记
最初 你那送我破浪远航的
温暖臂弯……

郭曰方先生出生成长在黄河之滨，是喝着黄河水、吃着黄河粮长大的，更是乘着黄河渡口那位船夫的小木船，闯过惊涛骇浪，走出故乡、走向未来、走向世界的。所以，他对母亲河有一种特别浓烈的情愫，有一种深厚绵长的感恩之情。故此，他写黄河或浩浩荡荡，一泻千里；或蜿蜒曲折，似水柔情。读《黄河》这首诗，我真切地感受到，郭曰方先生是黄河之子，是黄河的一朵浪花、一粒砂石、一棵柽柳，他的热血、生命与黄河是那样紧紧地融为一体，奔流不息！

《热土：献给祖国的颂歌》里的诗歌，无论是写科学、写祖国，还是写青春、写爱情，字里行间都洋溢着浓烈的爱国主义情愫，燃烧着真善美的光焰。情感总是那么丰盈澎湃，思绪总是那么健康向上，思想总是那么坚实激昂，诗句总是那么意蕴深邃！在郭曰方先生的妙笔之下，党的阳光是那样的温暖，祖国的春天总是那样的多彩、夏天总是那样的火热、秋天总是那样的金黄、冬天总是那样的洁白，社会永远是那样充满活力和生机，生活永远是那样荡漾着浪漫和激情，人民永远是那样向往美好与希望！他的诗篇，或大江东去，气势磅礴；或小桥流水，晓风残月……也总能唤起人们对明天的向往、对生活的热爱！他的诗歌是名副其实的时代主旋律和正气歌！读这些诗篇，让人热血沸腾，心灵净化，思想升华，情感陶冶，百读不厌，余味无穷。

郭曰方先生在谈起他的诗歌创作时，特别强调作者的思想高度和艺术修养：

“一是要深入生活。诗歌的旋律就是生活的旋律，没有对社会生活的深入了解和体会，就很难采集到诗的矿藏。离开生活基础，即便是再有才华的诗人，也写不出好的诗篇。关起门来无病呻吟，自我陶醉的诗作不可取。要特别注意观察思考并发现诗歌与生活的结合点，做到思想与艺术的完美结合。二是要虚心向古典诗歌、民歌和中外优秀诗歌学习。这些诗歌在艺术表现手法上有太多太多值得学习借鉴的地方。古典诗歌立意构思、章节布局、遣词造句、声情韵律，蕴藏着取之不尽、用之不竭的艺术技巧，很值得学习、继承和发扬。现代诗歌在想象、形象、抒情、意境、自由、舒展、跳跃、灵动、含蓄、朦胧等方面又有许多创新。纵观古今中外诗歌，它们在艺术表现手法上都有独到之处，只有兼蓄并取，融会贯通，然后才能自成一家。作品没有最好，只有更好！我从十几岁开始学习写诗，深感写诗难，写出好诗更难，最难的还是超越自己。在创作过程中，我力求做到‘新、真、情、深、精、美’六个字，说时容易做时难。写诗容易，写好诗难，写能够传世的好诗更是难上加难！尽管很难，也要努力去做。

“创作是一个充满苦恼而喜悦的过程。作品怎么写？是否写得精彩、富有诗意、耐人寻味、意境优美，起决定因素的就在于构思了，就像建筑师构筑一座大厦，要把布局和细节安排停当。诗歌从立意开始，到抒情、想象、形象、意象、具象、含蓄、意境、韵律、语言、遣词、造句等结束，可谓安得一个字，捻断数根须；甚至为求一字稳，耐得半宵寒，其中甘苦，诗人自知。”

《热土：献给祖国的颂歌》中的诗篇集中体现了郭曰方先生的诗歌创作主张和艺术追求，在立意与构思、抒情与意境、想象与形象、情节与细节、语言与诗美诸方面，都达到了一个新的高度。即便是一首短诗，很多人都写过的题材，在他的笔下，总能别出心裁，与众不同。例如，他在《金色池塘》中是这样描写大学时光的那件青春记忆的：

许多往事都已老去
只有　只有那金色池塘
依然那样年轻而美丽

那一首没有唱完的歌
飘过高高的相思林
那一个没有猜出的谜
消失在流泪的雨季
站在塘边　站成了
一个冬天的雪人
我终于没有能够
说出那个字　终于
没有告诉你
锁在心头的
那个秘密

许多往事都已老去
只有　只有那个秘密
依然那样年轻　而美丽

这首诗从立意，到构思，再到完成，一气呵成。

没有任何华丽的辞藻，采用白描的手法进行叙事抒情，做到情景交融，极具情趣，耐人寻味。《热土：献给祖国的颂歌》中的很多诗篇都写得韵味悠长，让人百读不厌，不在这里一一列举了。

读《热土：献给祖国的颂歌》，的确是一种极为愉悦的享受。徜徉在郭曰方先生精心耕耘的诗的花园里，不仅可以感受诗人博大精深的思想境界，而且可以受到诗歌艺术的熏陶，其乐无穷！这是我读完这本诗集最深刻的体会。故此，愿与广大读者和诗歌爱好者共享共赏。

是为序。

许木启，水生生态学家、诗人。中国科学院动物研究所博士，研究员，博士生导师。纽约科学院院士。中国科普作家协会会员。中国科学院老科学家科普演讲团团员。中关村诗社社员。

目录

祖国之颂

生命之歌

祖国之颂

亲爱的祖国

从茹毛饮血　到钻木取火
从仓颉造字　到文明古国
在历史幽深的隧道里
摸索蜗行　五千年的
沧海桑田　艰难跋涉
今天　你终于登上
世界舞台的中心
从“一带一路”的起点
再次出发
唱响了　一曲气壮山河的
追梦之歌

毛泽东环球同此凉热的梦想
邓小平改革开放的思索

习近平的治国方略
都化作　中国共产党人的
宏伟愿景
如滚滚长江　滔滔黄河
以摧枯拉朽之势　荡涤着
一切污泥浊水　向着中华民族
前所未有的繁荣富强
和光明未来　勇猛开拓

啊　祖国　我们是
黄土地养育的忠实儿女
此时此刻　又怎能忘记
时代赋予的千钧重托
甲午海战的炮火
还在熊熊燃烧
卢沟桥的枪声
还在愤怒诉说
圆明园的断垣残壁
还在哭泣流泪
三千万名被侵略者
屠杀的骨肉同胞
还睁大屈辱的眼睛
那目光中　依然喷射着

一个被屈辱被奴役民族的
满腔怒火
那弯弯的海峡　就像
一道没有愈合的伤痕
还在日夜不息地流淌着
骨肉分离的痛苦
有多少沉痛的记忆
就像那锋利的钢刀
还在深深刺进
你的躯体　你的心窝

啊　祖国　我们是红旗下
成长的英雄儿女
此时此刻　总在思考着
我们能为你　做点什么
让母亲的微笑　永远荡漾着
春天的阳光
让孩子的歌声　永远洋溢着
成长的欢乐
让茫茫荒漠　变成
浩瀚无垠的绿洲
让穷山恶水　开遍
绚丽多彩的花朵

或上九天揽月
或下五洋捉鳖
或去太空巡游
或去星际穿梭
舍我其谁　舍我其谁啊
只要你一声令下　即便是
赴汤蹈火　粉身碎骨
我们决不退缩　决不退缩

祖国啊　亲爱的祖国
为了你的荣耀　你的梦想
你的神圣　你的巍峨
我们将昂首阔步
高唱着《义勇军进行曲》
前仆后继　全力以赴
在世界东方　建设一个
更加美好富饶的社会主义现代化强国

党旗颂

岁月沧桑
日出东方
一九二一年七月
从南湖烟雨中
启航的红船
穿越万水千山
又劈波斩浪
驶向中华民族伟大复兴的梦想
此时此刻
当我们仰望党旗
耳边还萦绕着
镰刀与锤头的撞击声
在历史的回音壁里
那激荡不息的回响

那是真理的呐喊
那是胜利的歌唱
那是无产阶级团结战斗的奏鸣曲
那是被压迫人民争取解放的乐章
当十月革命的一声炮响
给中国送来马克思主义
从此　有多少共产党员
怀揣着《共产党宣言》
从四面八方
聚集在火红的党旗下
庄严宣誓
要为共产主义奋斗终身
随时准备为了党和人民
牺牲一切　永不叛党
又有多少共产党员
在战火纷飞的年代
在生死考验的战场
不忘初心　牢记使命
坚守承诺　忠于信仰
抛头颅　洒热血
在泱泱五千年中华史册
谱写出改天换地的篇章
当年　毛泽东就是这样

一双布鞋 一把雨伞
走出韶山 走上井冈山
带领遍体鳞伤的中国
走出屈辱 走出苦难
走出泪水 走出忧伤
让一个曾经任人宰割的民族
终于仰起笑脸 挺直脊梁
巨人般 屹立在世界东方

喜看今日中国
天翻地覆 莺歌燕舞
红旗漫卷 风雷激荡
改革开放的巨轮
“一带一路”的构想
党中央的治国方略
正带领站起来的中国
以排山倒海的气魄
向着强国富民的梦想
乘风破浪 扬帆远航

党啊 亲爱的党
饮水思源 党恩浩荡
沐浴阳光雨露

遍地繁花竞放
极目江山如画
处处旌旗飘扬
决胜小康　奋斗有我
助力脱贫　成就辉煌
历经百年荣辱兴衰
迎来盛世国运隆昌
庚子年　突如其来的
新冠病毒入侵
又一次　向世界证明
在党旗下凝聚的中国力量
凝望党旗　心潮激荡
我们怎能不热泪流淌
我们又怎能不放声歌唱

啊　有火红的党旗
给我们开辟道路
有火红的党旗
为我们指引方向
任凭风云变幻
何惧惊涛骇浪
没有任何妖魔鬼怪
魑魅魍魉　能够阻挡

也不可能阻挡
改革开放的新中国
昂首阔步 迈向
民族伟大复兴的梦想

你听 十四亿中华儿女
都在同唱一首深情的歌
没有共产党就没有新中国
我们爱您 火红的党旗
我们爱您 火红的党旗
我们爱您 中国共产党
我们爱您 中国共产党

迎接明天

——献给建党百年

走过风华百年
历史　又匆匆
翻开新的一页
站在第二个百年的
起跑线上
共和国的科技大军
又该以怎样的速度
怎样的高度
怎样的胆魄
怎样的奉献
去迎接前所未有的
严峻挑战

不要期望
未来的征途
会是一帆风顺
更不要幻想
攀登的道路
会是一马平川
面对遏制封锁
强权霸凌
面对关山万重
云飞浪卷
我们必须
以破釜沉舟的勇气
创新超越
去占领世界高科技
竞争的制高点

是的 昨天
从雪山草地
从延安枣园
我们高唱着《国际歌》
和《义勇军进行曲》
走向黎明
今天 我们

又从金水桥　天安门
高唱着国歌
走向未来　走向
民族伟大复兴的百年
光明与黑暗的搏斗
成功与失败的考验
落后与进步的较量
追赶与超越的演变
给了我们
一副清醒的头脑
给了我们
一双明亮的慧眼

百年沧桑
我们曾经创造了
无数奇迹
今天　实现
繁荣富强的中国梦
又责无旁贷地
压在了我们当代
科技工作者的双肩

此时此刻

当我们站在
新百年的起点
抚今追昔
心潮逐浪
问茫茫大地
问巍巍群山
问滔滔江河
问昊昊云天
还有什么力量
能够阻止我们
所向披靡
还有什么艰险
能够阻挡我们
勇往直前
科学精神的旗帜
指引我们战无不胜
科学家的使命
激励我们勇挑重担

回望来路
有多少先辈
为中华崛起
前仆后继

卧薪尝胆
钱学森　钱三强
郭永怀　邓稼先
三千多位海外赤子
冲破重重阻挠
回到祖国母亲身边
他们用耿耿丹心
撑起共和国科学大厦
和阳光明媚的蓝天

展望未来
任重道远
在我们面前
依然还绵亘着
万水千山
那么　就让我们
踏着先辈的足迹
再次出发
去开始新的长征吧
让我们　万众一心
跨马扬鞭　去迎接
中华梦圆的明天
明天　两个百年

看我泱泱中华大地
又该是怎样的
花团锦簇
风光无限

啊 梦圆中华
长路漫漫
有党旗指路
又何惧山高路远
不畏艰险
敢于登攀
我们的梦想
就一定要实现
我们的梦想
就一定能够实现
一定能够实现
一定能够实现

大中华的气度

经历了百年耻辱
在狂风恶浪中
颠簸沉浮
辽东半岛　就像一艘
搁浅的巨轮
一头沉进渤海
一头扎进大陆
在炮火硝烟中裸露的
是遍体鳞伤的肌肤
曾几何时
伪满洲国
那个被日寇挟持的
清朝末代皇帝
也只能蜗居在沈阳故宫

西望京都
忍受孤独
但是　这片热土
岂容强盗恣意凌辱
一个伟大的民族
在侵略者的刺刀下
岂能弯腰屈服
抗日战争的烽火
就是从这里
燃遍了中国
反抗侵略的枪声
撕开沉沉夜幕
山呼海啸般
席卷东北疆土
血在燃烧
泪在燃烧
在血与火的淬炼中
铸就一身钢筋铁骨
泊锚的巨轮
终于解开绳缆
迎着黎明的曙光
缓缓驶出

看吧　“辽宁”号
中国的第一艘航空母舰
从大连驶向青岛
驶向黄海　驶向东海
又穿越台湾海峡
驶向香港　驶向欢呼
向全世界展示
中国的崛起
中国的速度
中国的力量
中国的威武

辽宁　敞开国门
挥别西天晚霞
笑迎东方日出
千山如椽　蘸着万里波涛
洋洋洒洒泼绘出一幅
改革开放的宏伟蓝图
葫芦岛　千帆竞渡
丹东港　吞云吐雾
千里海湾　渔歌唱晚
长山列岛　靓如明珠
从甲板上起飞的战机

似闪电般冲出云层
在万里长空　勾画出
咱堂堂大中华的气度

啊　辽东半岛　假如
假如把你比作一艘
永不沉没的航母
如今正满载着中华民族
伟大复兴的梦想
劈波斩浪　一路高歌
驶向波澜壮阔的征途

为中国喝彩

从女娲补天的神话中走来
从大羿射日的传说中走来
从仓颉造字的工坊里走来
从殷墟甲骨的书简里走来
五千年的血雨腥风　聚聚散散
五千年的朝代更迭　盛盛衰衰
我们中华民族　终于走出饥饿
走出哀嚎　走出“东亚病夫”的屈辱
走出侵略者奴役的阴霾
正昂首阔步　走向前所未有的
盛世春秋　走向一个崭新时代

你看　那鲜艳夺目的五星红旗
自由自在地舒卷着　飘扬着

闪耀着多么迷人的光辉
她笑得那样灿烂　那样开怀
星星在她怀抱里环绕
月亮在她面颊上亲吻
那火焰般燃烧的红霞
托起展翅翱翔的白鸽
从天安门　从长城故宫
向远方铺开
向着黄河　向着长江
朝着高山　朝着大海
如此激情澎湃地
发出一阵响亮声音
“起来　不愿做奴隶的人们……”
中国　正以气壮山河的步伐
昂首挺胸　登上世界舞台

啊　世界在为中国喝彩——
当我们的体育健儿
把一枚枚奥运奖牌挂在胸前
全世界的观众　都竖起拇指
为中国喝彩
当我们的长征火箭
将一个个航天员送上太空

当我们的“祝融号”火星车
在火星圆满而优美地着陆
全球的目光　都投向碧霄
为中国喝彩
当突如其来的自然灾害
摧毁我们的家园
从废墟上长出的
是不屈不挠的中国精神
大地高山　都擎起鲜花
为中国喝彩
当改革开放的门窗　豁然打开
古老的北京宾客如云　十里长街
成为连接各国友谊合作的纽带
世界涌进北京
为中国喝彩

啊　为中国喝彩——
这不仅仅因为
我们有喜马拉雅的巍峨
黄河长江的澎湃
有江南水乡的秀美
东北大地的豪迈
也不仅仅因为

我们有敦煌飞天的情韵
紫禁城建筑的精彩
有上海滩的繁华
东方之珠的气派
如花似玉的中国啊
古老年轻的中国
有太多太多的文化遗产
山川名胜　值得赞美
是那样光彩夺目　美不胜收
令人陶醉　让人喝彩

啊　为中国喝彩——
十四亿人　五十六个民族
齐刷刷地排列在五星红旗下
手挽着手　站成钢铁巨人一排
这里有三皇五帝　尧舜禹的子孙
有秦皇　汉武　成吉思汗的后代
有孔子　孟子　屈原　李白　杜甫的传人
有孙中山　李大钊　毛泽东　邓小平的血脉
当然　更有杨家将　花木兰　郑成功的忠勇
有刘胡兰　焦裕禄　雷锋　孔繁森　钱学森的气概
镰刀锤头　齿轮稻穗　量子计算机　火箭　卫星
统统都在这里集合　那英雄纪念碑的威严直插云霄

显示的是中国意志　中国力量　中国气韵　中国期待
为中国喝彩

啊　为中国喝彩——
九百六十多万平方公里的土地
不仅长出数千年风流人物　长出地大物博
还长出真善美的花朵　自强不息　自尊自爱的风采
那井冈山的翠竹　长征的火炬
那延安窑洞的灯光　卢沟桥的炮台
都化作建设新中国的宏伟蓝图
七十多年风雨沧桑　我们用勤劳智慧的双手
蘸着日夜流淌的血水　汗水　泥水
和对祖国　深深的爱
把新中国的高大身躯奋力托起
看　那流光溢彩的笑容　拔地参天的魁梧
让日月星辰　甚至五洲四海的每一座山峰
都惊讶得手舞足蹈　目瞪口呆
为中国喝彩

啊　为中国喝彩——
请举起你的手来　为祖国的明天
送上一片祝愿　一份决心　一腔热爱
既然　时代选择了我们

我们选择了时代
那么　就让我们踏入这个光荣的队列
用祖祖辈辈传递的力量
去耕耘新的收获吧
待到金秋时节　霞光如带
我们将与五星红旗站在一起
迎接祖国更加美好的未来
啊　请你鼓动如雷的掌声
为中国加油
为中国喝彩
为中国喝彩吧

站在红船进发的起点

嘉兴南湖的烟雨楼
已无烟雨　明媚的阳光
穿越近百年的烟雨
将这艘红船
照耀得分外红艳
这条船很小
却装载着中国的沉浮
这条船不宽
却拥有九百六十多万
平方公里的甲板
十三个人
十三双眼睛
穿透五千年漫漫长夜
十三双手

十三双脚板
将填平一个民族的辛酸
尽管　有血雨腥风
尽管　有激流险滩
尽管　有人迷惘
尽管　有人背叛
自从毛泽东成为舵手
这条船　才端正航向
沿着胜利的航线
破浪向前

南昌　井冈山　瑞金
遵义　会宁　延安
风云万里
山回水转
闯过多少暗礁
牺牲多少党员
一九四九年十月一日
才终于驶进　温暖的港湾
如今　九千五百多万名
共产主义先锋战士
齐刷刷站在船头
极目远望　苍山如海

红旗招展　那轮旭日
身披万道霞光
已冲出东方的地平线
改革开放的中国啊
又在党旗的指引下
重新站在　红船进发的起点

啊　我赞美嘉兴
我赞美红船
赞美她的昨天　今天
更要赞美她的明天
明天的愿景
明天的梦想
明天的方向
明天的航线
在党中央的宏图大略中
已经历历在目　清晰可见
前方　还有雪山草地
征途　还有万水千山
实现中华民族
伟大复兴的目标
依然是任重道远
每个共产党员

都要牢记党的宗旨
永远铭记党的誓言
从南湖红船的目光中
再次拔锚起航
踏着钱塘江大潮的涛声
去谱写更加壮丽辉煌的诗篇

西柏坡的灯光

一九四九年春天　乍暖还寒
报春花悄悄吐蕾
那枝头的残雪
还摇曳着　战争的硝烟
长江的涛声　愤怒地摇撼着
苟延残喘的蒋家王朝
黎明的曙光
穿过　漫漫长夜
跃出了　东方的地平线

那是一个多么平凡
而又静谧的夜晚
朦胧的群山
已悄然进入梦乡

西柏坡那一盏
彻夜不熄的灯火
把毛泽东的目光
投向那遥远的时空
投向新中国灿烂的明天
打过长江去
解放全中国
他狠狠掐灭那根
还没有燃尽的烟头
火红的朝霞
在他面颊上舒展

啊　枕戈待旦的百万雄师
刹那间　以雷霆万钧之势
如秋风扫落叶一般
扑向南京　挺进上海滩
挺进整个江南
而毛泽东　却轻装简从
沿着崎岖蜿蜒的山路
来到北京香山别墅
与叶剑英　又在细细筹划
共和国成立的庄严盛典

往事并非如烟
今天　当毛泽东安睡长眠
我们很想很想
伏在主席耳边　轻轻地告诉他
主席啊　您在梦中
可曾看见　可曾听见
关于中国　关于世界
如今发生的地覆天翻
中国　从来没有像今天
这样　扬眉吐气
人民　从来没有像今天
这样　笑容满面
中国　已经登上
世界舞台的中心
构建人类命运共同体
已成为改革开放的中国
向世界发出的庄重宣言

牢记您的嘱托
实现您的遗愿
党中央　正带领着中国
从中共第一次代表大会的
会场出发

从嘉兴南湖的红船出发
从遵义会议的红楼出发
从西柏坡的山村出发
从天安门的英雄纪念碑出发
又开始了新的长征
明天 从毛泽东诗篇里
走出来的现代化中国
将向全世界证明
英特纳雄耐尔
就一定要实现
就一定能够实现
就一定能够实现

老人与黄山

九十三年的跌宕起伏　风云变幻
没有人知道
他曾涉过多少江河湖海
又曾翻越过多少峻岭高山
从四川广安出发　一路风尘
井冈山　遵义　雪山　草地
长江　黄河　太行山　延安
直到北京的中南海　玉泉山
无数深山峡谷都被他甩在身后
做一个中国人民忠诚的儿子
让人民过上幸福的生活
这就是他终生信守的诺言

为此　七十五岁高龄　他还拄着拐杖

穿着布鞋　一步一步登上黄山
他说　他想证明自己的身体
是不是合格　为了深爱的祖国
他很想很想再干它二十多年
四天五夜　他踏着黄山的石阶
枕着黄山的松涛
拨开黄山的云海
眺望黄山的日出
将自己敦厚的身躯
与大山融为一体
把自己慈祥的笑容
播洒在人民心间
只见他时而驻足
时而登攀
或沉入谷底
或脚踏峰巅
任凭七月山谷的热风
掀动他洁白的衣衫
那不是小平同志吗
突然有人惊叫出声
霎时间　争先恐后的游人
涌了过来　把老人围在中间
小平微笑着伸出手臂

与邂逅的游人一一握手
互道平安

一路上　他谈笑风生
兴致盎然
问黄山的建设
问黄山的发展
问黄山的生态
问黄山的物产
还殷殷叮嘱安徽领导同志
要有点雄心壮志哟
把黄山的牌子打出去
让这里成为全国最富的地方
句句话语饱含着老人家
对山区脱贫致富的殷切期盼
啊　这就是我们的小平同志
无论走到哪里
他心中总是牵挂着人民
当他弯下腰来
轻轻亲吻那位卖茶叶蛋老阿婆的
小孙女的脸蛋时　黄山倏然屏息
禁不住泪泉喷涌　浪花飞溅
人民的好领袖就是这样

与人民血肉相连　亲密无间

敬爱的小平同志　我们黄山人
真想真想　您还能再来黄山看看
看看这里的云海　这里的怪石
尤其是当年　您深情抚摸的
那棵黄山松　如今
更加郁郁葱葱　气冲霄汉
您看　它沐浴在全民脱贫的
万道霞光之中　正脚踏祥云
挥摇着猎猎罡风
向世人展示
咱黄山的雄姿　黄山的壮丽
黄山的精神　黄山的变迁
是的　我们黄山人
忘不了　永远忘不了
是您用坚实的脚步
为黄山的未来写下
这部气壮云天的诗篇

四十三年过去了　老人登山的故事
至今还在街头巷尾流传
伟人虽去　那日夜奔腾不息的长江

流不尽的　却是人民对他的思念
是的　为人民鞠躬尽瘁　虽死犹生
在人民的心中　他永远都是
一条大河　一片大海　一棵青松
一座横空出世千古不朽的高山

附注：为纪念邓小平1979年7月登黄山而作。

永远的周总理

那是一个
极其寒冷的冬季
一九七六年一月十一日
百万北京市民
伫立在被泪水
打湿的长安街
目送周总理的灵车
缓缓西去
不知多少人
哭着　喊着
周总理　周总理
您不该离去
您不能离去
也不知多少人

垂首弯腰
肃立路边
长跪不起
那一刻　北京
不　不仅仅北京
整个中国
都在哭泣
都在哭泣啊
甚至　甚至
联合国大厦广场
也打破惯例
为周恩来的去世
降下半旗

四十六年过去
仿佛就在昨天
总理的音容笑貌
总理的丰功伟绩
总理的亲民形象
总理的廉洁自律
依然深深　深深地
记在我们心里
离别愈久

怀念愈深
西花厅的灯光
仿佛还在亮着
就那样亮着
彻夜不熄
庭院里的海棠花
依然 还在绽放
就那样绽放着
圣洁而美丽
啊 鞠躬尽瘁
死而后已
这八个大字
伴随着周总理
走过了一生
为人民服务
那金光闪闪的胸章
永远 永远 都辉耀在
中华大地

总理爱人民
人民爱总理
人民的好总理
您没有离去

也不会离去
您的骨灰撒在了
祖国大地
永远与人民在一起
您的光辉
如日月光照环宇
将永远　永远地
辉耀在人民的心里

历史性的跨越

——祝贺“嫦娥一号”卫星发射成功

不止西昌
所有的山峰都披满霞光
不止北京
整个中国都在举目张望
不止长江　黄河　长城　故宫
每一扇窗口
每一条小巷
每一棵小草
都在侧耳倾听　倾听
那箭击长空的刹那之间
在世界东方　中国首次探月的脚步声
迸发出怎样气壮山河的交响

看吧　当喷薄耀眼的火焰
冲天而起　当“嫦娥一号”卫星
旋转着优美的舞姿　频频回首
依依惜别　亲爱的故乡
顿时　欢呼声　掌声　鞭炮声　响彻云霄
在神州大地　卷起排山倒海的声浪
骄傲　自豪　在人们的胸中燃烧
激动的泪水　在人们的面颊上流淌
此时此刻　全国人民
都在为“嫦娥一号”挥手送行
那千年寻梦的轨迹啊
如此光芒四射地　划过长空
牵动着全世界惊喜的目光
也为中华民族写下了　万众一心
自强不息　实现伟大复兴的热望

是的　世世代代　我们的祖辈
曾在黑暗的隧道里　蜗行摸索
战争　贫困　瘟疫　饥荒
将祖国母亲　蹂躏得遍体鳞伤
荒芜的土地　低矮的茅屋
只有屈辱　仇恨　和乞丐的呻吟
在四处游荡

只有父亲烟袋锅上的叹息
声声不断
只有母亲坟头的野草
在血汗和泪水的浸泡中
年年疯长

当然　不止这些
不止只有苦涩　辛酸
不止只有哀号　忧伤
曾经　我们曾经也有
飞天的花朵　牧童的短笛
有丝绸之路　有七下西洋
有震惊世界的创造发明
有彪炳千秋的历史辉煌
那夸父追日的传说
那嫦娥奔月的神话
曾唤起我们　多少美丽的遐想
但是　今天　只有今天啊
我们才终于　走出煤油灯的昏暗
走出迷惘　实现了历史性的跨越
昨日的神话　已经变为现实
一个兴旺发达　繁荣富强的
社会主义中国　巨人般

屹立在世界东方

此时　当我们仰望灿烂的星空
自由放飞浪漫的激情　你可闻到
广寒宫外飘来的桂花酒香
你可听到　美丽的嫦娥姑娘
那悠扬动听的歌唱
不　这不再是神话　不再是梦想
我们的“嫦娥一号”　正用灵巧智慧的双手
揭开月球神秘的面纱　将一张张
清晰而逼真的月面图像　发回家乡
听啊　穿越三十八万公里的
茫茫星云　我们竟然可以
清晰听到　嫦娥姑娘美妙的歌喉
那“五星红旗迎风飘扬
胜利的歌声多么嘹亮……”的优美旋律
怎不叫人心潮激荡　令人心驰神往

啊　朋友　请高高举起你的酒杯
让我们一起放声歌唱吧
歌唱我们伟大的祖国
正走向繁荣富强
我们中国人　有志气　有信心

有能力　攀登世界科技高峰
去为全人类的幸福　和美好的明天
贡献出　自己的全部力量
贡献出　我们的全部力量

飞吧，嫦娥姑娘

飞吧　嫦娥姑娘
穿上祖国母亲为你
精心定做的戎装
英姿飒爽　向着
太空的梦想飞翔

那漫天繁星
已经为你　点亮
前行的路灯
太阳　也挥手撒下
彩云的花瓣
祝福你　一路平安
扶摇直上

那圆圆的月亮
此时此刻　正微笑着
在天宫守候
你可闻到　醇香扑鼻的
桂花美酒
已经溢满　祖国的
每一道河流
每一座山岗
每一条小巷

你看　小学生正端坐在教室
瞪大眼睛　在静静地聆听
老师讲述嫦娥奔月的故事
甚至　连白发苍苍的老奶奶
也拄着拐杖　来到路边仰望
还不停地唠叨着　就是很想
很想看一看　咱嫦娥姑娘
出门远行　那俊俏的模样

我们的科学家呢　却把目光
投向遥远的星空　只有
只有他们才知道
嫦娥奔月　你肩头

担负的分量
问问月球的冷暖
听听月球的脉搏
摸摸月球的土壤
测测月球的矿藏
还要　还要用你甜蜜的嘴唇
第一次亲吻月球的面颊
留下咱中国人爱的印记
让五星红旗　在月球上空
高高地　永远高高地飘扬
或上九天揽月
或下五洋捉鳖
咱中国人哪
就是要把毛泽东的诗句
洋洋洒洒　写在大地　天空　海洋
写遍太空的每个角落
让全世界都睁大眼睛
为中国喝彩
为中国鼓掌

啊　嫦娥姑娘
请带上我们深情的祝福吧
也带去中华民族五千年

圆圆的思念　圆圆的梦想
用你轻盈的步履
去叩响沉睡的月球
用你温柔的眼神
去融化冰冷的月光
假如　假如有一天
咱中国人　都能够
坐着咱“中华号”月球车
去太空巡游　我多么渴望
与你手牵着手一起飞翔
并且放声歌唱
“歌唱我们亲爱的祖国
从今走向繁荣富强”
让那美妙动听的旋律
在太阳风的吹拂下
飞呀飞呀　飞向深空的
每一个角落
每一座星系
汇成响彻宇宙的
中国航天梦圆的交响

北京冬奥之歌

北京冬奥来了
春风吹过长城
长城伸开双臂
拥抱世界
世界敞开胸怀
拥抱中国
那些白皮肤　黑皮肤
黄皮肤的冰雪健儿
带着冰雪筑梦的
美丽憧憬
纷至沓来
从五洲四海
从各个角落
日夜兼程

来北京集合

巍巍群山深处
搭起冰雪舞台
冬奥新村
银装素裹
条条雪道
忽隐忽现
恰似玉带飘飘
在阳光下闪烁
有多少冰雪健儿
在冰湖上翩翩起舞
犹如敦煌飞天
从云海间飘落
高速列车风驰电掣
信息网络四通八达
智能科技在这里集合
智慧城市在这里集合
环保科技在这里集合
绿色生活在这里集合
每一座城镇
每一个村落
都跃动着春的旋律

十四亿中国人
满面春风
唱响了一支冬奥之歌

啊　亲爱的祖国
冲破疫情封锁
笑看我中华大地
好一派生机勃勃
冬奥会的火炬
映红皑皑雪山
冬奥会的旗帜
如七彩的云朵
在这里　各国健儿
交流竞技　相互切磋
传递意志　勇气
传递公平　正义
传递和平　爱心
传递友谊　合作
激情与速度
在这里碰撞
团结与友谊
在这里结果
暖暖的奥林匹克精神

温暖着每个人的心窝

啊　朋友　高举圣火
让我们一起出发
一起向未来
一起向未来
踏上追梦征程
舞动春的旋律
不负韶华
奋勇拼搏
穿越时空
跨过阻隔
合作共赢
共襄盛举
胜利属于世界
光荣属于中国
光荣属于中国

今年中秋月更明

云开雾散
月出东方
今夜庚子年中秋
这轮明月却显得
更大　更圆　更亮
举头望月　我不禁
悲喜交加　心潮激荡
不知为何　盈盈泪水
濡湿了我的目光
我思念那些海外游子
被疫情阻隔有家难回
我悼念那些骨肉同胞
魂断云天　痛断肝肠
我怀念那些抗疫英雄

舍己救人　义薄云天
我感激亲爱的祖国
举国同心　大爱无疆
命运与共　生命至上
我感恩亲爱的党
布下抗疫的天罗地网
率领十四亿中华儿女
奋勇闯过惊涛骇浪
又一次　向全世界证明
在党旗下凝聚而迸发的
中国速度　中国智慧
中国精神　中国力量

是的　从五千年悠悠岁月
走出来的新中国
已把神话变为现实
实现嫦娥奔月的梦想
什么遏制封锁
什么威胁恐吓
任何人都休想阻挡
中国前进的步伐
任何人也无法阻挡
中国走向繁荣富强

不怕鬼　不信邪
不惹事　不怕事
咱堂堂正正的中国人
用坚挺的脊梁
筑成钢铁长城
永远岿然屹立在世界东方

你看　今年中秋月更明
它正高高挂在天上
啊　中国的月亮
中国的骄傲　中国的光辉
永远辉耀在我们心上

附注：应著名朗诵艺术泰斗殷之光先生之约为庚子年中央电视台数字书画频道中秋晚会朗诵而作。

黄　河

从喜马拉雅地壳板块
缓慢漂移
骤然碰撞的那一刻
青藏隆起
沧海横流
巴颜喀拉挥手撒下的
是一道飞流直下的
地上天河
啊　黄河　我的母亲河

玉带飘飘
从天而降
敞开博大的胸怀
你用甘甜的乳汁
默默地喂养着

曾经面黄肌瘦的中国
有多少高山　冰川
高原　沟壑　湖泊
瀑布　沼泽　荒漠
有多少纵横交错的阡陌
星罗棋布的城池
大大小小的村落
一起扑向你的怀抱
簇拥在你的身边
从此　你率领
一个伟大的民族
奔流激荡
艰难跋涉
挟风雷而穿千山
在世界东方
演绎了一部
古老而神奇的传说

啊　星转斗移
不舍昼夜
你用豪放喷薄的笔墨
蘸着诗经　论语
唐诗　宋词

蘸着五千年的
历史风烟
文化血脉
写仓颉造字
写钻木取火
写丝绸之路
写大唐飞歌
写千种风情
万卷巨制
又写下多少
金戈铁马
狼烟烽火
你以胸怀天下
气贯九州
落天入海的
雄魂胆魄
你以不屈不挠
永不退缩的
顽强性格
穿越时空
踏碎苦难
终于 在太阳升起的
地平线上 孕育了

中华民族的新生
在镰刀与锤头的
撞击声中
铁血万里
惊涛拍岸
挥洒出　一个
社会主义新中国

黄河　我的母亲河
此刻　当我
站在渤海之滨
掬一捧黄河水
与蓝天白云共舞
与日月星辰唱和
因为　因为
只有我们知道
经历了漫长艰辛跋涉
穿越了九百九十九道
蜿蜒曲折　为了
中华儿女的繁衍生息
和幸福美满的生活
我们的黄河母亲
付出了太多太多

没有谁 可以阻挡
你滔滔奔流的定力
没有谁 能够扑灭
你排山倒海的魂魄
什么关山万重
什么围堵封锁
朝迎沧海日出
晚送大漠日落
十四亿中华儿女
追随着你的脚步
放开喉嗓
一路高歌
两个百年愿景
唱响的 是一曲
改革开放 和平崛起
富民强国的追梦之歌

啊 黄河 我的母亲河
我是你的一朵浪花
一粒砂石
我是你的一棵柽柳
一炬新长征路上
熊熊燃烧的篝火

我的理想里
闪耀着你的光芒
我的信念里
凝聚着你的嘱托
那么　就让我的血液
在你的身上汩汩流淌
就让我的脉搏
与你的呼唤同声应和
向着你奔流的方向
朝着你编织的梦想
扑向大海
跃进洪波
任凭狂风怒吼
任凭恶浪咆哮
即便是粉身碎骨
粉身碎骨
我也要化作
蓝天碧水之间
依偎在祖国怀抱里的
那最美的云朵
啊　黄河　我的母亲河
我亲爱的母亲河

黄山松

我不知道
在神州大地
耸立着多少
崇山峻岭
更不知道
在群山之巅
又挺立着多少
参天古松
此刻 当我
气喘吁吁
登临黄山
踏飞瀑流泉
观云蒸霞蔚
迎沧海日出

听松涛轰鸣
临窗远眺
奇峰争秀
如千帆竞发
俯瞰谷底
铺彩叠翠
似彩虹凌空
朝晖夕阴
气象万千
巍巍群岚
风起云涌
鹰隼展翅
鸟雀啼啭
劲松绝壁
溪流叮咚
怪石云海
温泉奇松
黄山四绝
名扬八域
惊世绝伦
壮哉黄山
美哉黄山
岁月沧桑

青松不老
盛世隆昌
更露峥嵘

绝顶环顾
极目八荒
层峦叠嶂
郁郁葱葱
七十二峰
仰天长啸
千沟万壑
松涛雷动
漫山奇松
傲视长空
揽八千里风暴
擎九万里雷霆
无惧山崩地裂
笑对冷暖阴晴
浮云蔽日
奋力撑起
万仞大山
乱云飞渡
探身危崖

横扫千军
动也从容
静也从容
站也从容
卧也从容
每一棵苍松
每一座峻岭
淡定从容里
迸发的都是
不屈不挠的
黄山风骨
黄山胸怀
黄山气魄
黄山精神

我赞美黄山
赞美黄山松
我赞美祖国的
每一座高山
每一条大河
每一寸土地
每一片天空
因为　因为

黄土地上已经
站起来的东方民族
我们每个中国人
都是黄山
都是黄山松
啊 黄山是我
我是黄山
黄山松是我
我是黄山松
我是黄山松

泰山放歌

孔老夫子　就是从这里
去周游列国的
他一走　就是两千五百多年
至今　在世界各国
还都能看见　他的身影
人们都说
他的论语　他的哲学
是每个人　都必读的
一部“圣经”
以仁爱为本的儒家思想
已经渗进了人们的血管
所以　它才能超越时空
为全世界　所认同推崇

走进山东　走进论语
走进中国共产党的章程
细细咀嚼　细细品味
也许人们才会恍然大悟
为什么中国共产党
能够率领一个伟大民族
用镰刀锤头砸碎锁链
凤凰涅槃　浴火重生
走向五千年从所未有的振兴
从孙中山到毛泽东
从邓小平到习近平
在九百六十多万平方公里的
版图上　为人民服务
这五个大字　与先贤圣人
倡导的博爱　天下为公
始终一脉相承　息息相通

山东人身上流淌的
是中华儿女的血脉
也传承着　中华民族
优秀文化的基因
淳朴厚道　就像胶东的泥土
刚正不阿　犹如泰山的青松

胸怀宽广　有海纳百川的情怀
仁爱善良　有黄河母亲的柔情
热情好客　是咱山东人的形象
表里如一　是咱山东人的秉性
诚实守信　是咱山东人的品格
吃苦耐劳　是咱山东人的遗风
走进山东　走进蒲松龄的《聊斋》
走进孟子　走进墨子　走进孙子
走进庄子　走进先秦的诸子百家
走进王尽美　孔繁森的信仰
我细细阅读他们的信仰
他们的精彩人生　我才明白
为什么咱们山东的父老乡亲
在泱泱中华五千年的史册上
总是写下自尊自爱　也写下
辉耀千秋的光荣与神圣

守护海疆　戚继光抗击倭寇
邓世昌　丁汝昌千古留名
铁道游击队让日寇闻风丧胆
台儿庄大捷令国人欢声雷动
有多少仁人志士　民族英雄
在齐鲁大地留下千古绝唱

咱山东人　就像那巍巍泰山
屹立在胶东大地　任凭它
八千里风暴　九万里雷霆
笑对沧海横流　我自岿然不动

看朝霞似锦　听潮声轰鸣
咱们山东人　如今又扬帆出海
不忘初心　肩负使命
去开辟更加波澜壮阔的航程
我为山东祝福　为山东加油
山东人　必将在中华民族复兴的
伟大征途　挥洒出新的光荣
那么　就请鼓动你如雷的掌声
为山东喝彩　向山东致敬
祝福咱们山东　一帆风顺
祝福咱们山东　万里鹏程

贺兰山抒怀

吟诵着毛泽东　那首
红旗漫卷西风的诗句
我又走进　岳飞的那首
八千里路云和月
悠悠岁月　朝代更迭
历史　在这里又掀开
新的一页
已经　缚住苍龙
已经　收拾旧山河
执长缨　怎能不仰天长啸
壮怀激烈
看红旗漫卷　莺歌燕舞
叹红灯绿酒　杯盘狼藉
凭栏处　竟又倒下

多少英雄豪杰
郭沫若的《甲申三百年祭》
毛泽东赞赏有加
曾把它作为整风文件
向全党发出严重告诫
一百年过去 中国共产党
又开始新的长征
但不知 前方仍有
多少雪山草地
多少贺兰山阙

此刻 当我缓步走进
西夏王陵
走进八百年前 那一段
被风沙剥蚀的岁月
曾几何时 西夏王朝
曾是旌旗蔽空
曾是千里沃野
曾是红灯绿酒
曾是歌舞楼榭
沉舟侧畔 又曾倒下
多少雄伟的帝王宫阙
潮涨潮落

花开花谢
历经一百八十九年
如今　却风光不再
最终　只留下
这二百多座荒冢
和萋萋衰草
空对朔风黄沙
和那轮贺兰山月
多少深深浅浅的悲欢
都已烟消云散
多少恩恩怨怨的争斗
都已灰飞烟灭
那渐去渐远的马蹄声
早已被风沙掩埋
唯有坟头　这斑驳的青苔
还在诉说着
那悲怆的往事
一座座枯瘦的荒冢
面对漫漫黄沙
和滴血的夕阳
仿佛　还在诅咒着
一代朝纲的覆灭
昔日的荣耀和威严

早已化作尘土
甚至　连中华史书上
那星星点点的西夏文字
竟然　也没有几个人
还能真正辨认识别
李元昊皇帝的荒淫无耻
皇亲国戚的残杀争斗
至今　流传于街头巷尾
国土沦丧　饿殍遍野
在人民心中燃起的怒火
永远都没有熄灭
泪在燃烧　血在燃烧
愤怒的狂飙
在西夏的土地上
凿出一道　足以警示
贪婪腐败的训诫
水可载舟　也可覆舟
这亘古不变的定理
又一次　被历史做出
深刻而精辟的诠解

那些想不朽的
却早已腐朽

永远不朽的
是人民　只有人民
用泥土和血汗
浇铸的华夏文明
犹如江河行地
不舍昼夜
看吧　当风烟散尽
极目八荒
贺兰山俯首膜拜的
历史丰碑
依然是　并且永远都是
那些为了人民的幸福
而抛头颅　洒热血的
伟大先烈

山海关城楼抒怀

一手拉着渤海
一手牵住燕山
从烽火硝烟中
缓缓走来
或起起伏伏
曲曲弯弯
或高高低低
深深浅浅
在万里边塞
洋洋洒洒
曾写下多少
千秋往事
又铺满多少
离合悲欢

试看今日
风烟散尽
关里关外
莺歌燕舞
波涌潮平
你仰起笑脸
头迎旭日
尾扫落霞
器宇轩昂地
屹立山海之间

此刻　当我
伫立城头
抚今追昔
观海听涛
只见千帆竞发
惊涛拍岸
怎能不心潮逐浪
浮想联翩
又怎能不惊叹
你气势非凡
气象万千
啊　山海关

天下第一雄关

是的　我仰慕
你的雄奇威严
更要百倍赞美
你的厚重灿烂
面对人类生存
安全　发展
这个永恒的命题
你永远都是一部
读不完的史书经典
也许　孟姜女
再不要千里寻夫
戚继光也无须
修筑水军城堡
吴三桂又何须
为了一个女子
千古蒙羞
袁崇焕也不会
遭人诬陷
凌迟含冤
甚至　那位长眠于
西安的秦始皇

连做梦也不曾想到
当年用百万民工血汗
筑起的万里长城
今天居然会成为
世界文化史册中
最光辉灿烂的诗篇

你看　当南来北往的
高速列车呼啸而过
当中国的火箭飞船
遨游霄汉
我仿佛听到
一个新时代发出的呐喊
一个伟大民族站起来了
十四亿中国人
挽起手臂
又筑起新的铜墙铁壁
啊　山海关
在山呼海啸的
历史关口
这座巍巍城楼
分明就是我们

开始新长征

实现中国梦的

新的起点

写给长白山天池

渴盼已久
千里跋涉
我梦寐以求的
也只是能够
与你有一次
美丽的邂逅

有人说　你是
玉皇大帝的女儿
十六座山峰　恰似
披着霓裳的侍女
在你身边守候
有人说　你是
普救众生的观音

脚踏祥云
播洒甘霖
用款款爱心
滋润着万物生灵
和碧野绿洲

美丽的神话
千古流传
世世代代都编织着
人们对真善美的追求
其实 你是地壳运动的
惊世杰作
亿万年前那次
火山喷发
乱石穿空
熔岩奔流
冰与火的淬炼冷却
地壳板块的抬升沉降
才有了你今天的
横空出世
群峰争秀

看 太阳露出了笑脸

天池也掀开了盖头
此刻　当我屹立山巅
飞瀑流泉　喷珠吐玉
三江平原　铺彩叠绣

掬一口山泉水
甜在舌尖
望一眼长白山
醉在心头
山上山下
游客如云
山里山外
花团锦簇
才去地下森林
又上峻岭云头
临风远眺
怎不嗟叹
气象万千
极目八荒
又怎能不赞叹
山河锦绣

此刻　当我俯瞰

波光粼粼的湖面
突然觉得 天池
恍如群山高高举起的
一杯美酒
那么 就让我们一起
把酒临风 唱一曲
《我和我的祖国》吧
祝愿伟大中华民族
如巍巍长白山
万古长青
风华千秋

啊 淼淼天池
我会永远记住
这美丽的邂逅
记住 永远记住
你的启迪
你的馈赠
你的美丽
你的温柔
那清澈甘甜的山泉呐
将会永远 永远
滋润着我的思念

那滔滔奔流的三江水
也将昼夜不息地
流淌在我的心头

七彩云南

传说很久很久以前
汉武帝狩猎长安
当晚梦见群山之巅
突然有七彩祥云出现
于是 他诏令军中大臣
日夜兼程 快马加鞭
翻越秦岭 去南方追赶
终于 在南方的南方
看见云雾缥缈的山谷
遍地都是亭台楼榭
竹林茅舍 溪水潺潺
云南因此闻名遐迩
她美若仙境的旖旎风光
让天下游人都流连忘返

啊　不必考究传说的真假
如今　当我终于走进云南
变幻的美景便次第浮现眼前
那风花雪月的大理古城轶事
那天下第一奇观的石林迷宫
那孔雀曼舞的西双版纳风情
那香格里拉中甸的山川草原
那水城丽江的风姿绰约
三江虎跳峡的惊涛拍岸
那五百里滇池的波光粼粼
高原湖泊的渔歌唱晚
那楚雄恐龙谷的幽深神奇
澄江化石群的沧海桑田
元谋土林　茶马古道
苍山洱海　玉龙雪山
哈尼梯田　腾冲温泉
热带雨林　百里杜鹃
南诏王宫　彝祖圣地
地下宝藏　村寨米线
千种风姿　万般情韵
都在泼水节的水花里
溅起如梦如幻的云霓
都在阿诗玛的歌声里

律动美妙动人的和弦

如诗如画的云南
美轮美奂的云南啊
我不仅要赞美你的美丽
你的柔情　你的善良
更要百倍千倍赞美
你的威严　你的勇敢
你的豪气　你的彪悍
当年　万里长征
小叶丹与刘伯承
歃血为盟
彝族兄弟
曾点燃火把
引导红军
从雪山草地
走向延安
今天　云南
用勤劳智慧
用团结奉献
为“一带一路”铺设路基
用莽莽高原
用巍巍群山

给共和国的繁荣富强
铺下奠基的方砖

啊　云南　也请你
赐给我一根御风长鞭吧
让我与你策马并肩远行
拨开远方那七彩云霞
在茶马古道那悠远的
马蹄声中　去追赶
更加甜蜜幸福的明天

烟雨江南

江南烟雨
就这样朦朦胧胧
柔柔媚媚
不知什么时候
悄悄地
告别了寒冬

轻轻地
轻轻地
走进原野
钻进了树丛
一眨眼 调皮
而又多情地
藏在杏花枝头

吻醒了早春
田野绽开了笑容

吹着牧笛的孩子
骑在牛背
在田埂行走
阡陌如镜
被淅淅沥沥的烟雨
洗亮了风景

烟雨朦胧
烟雨无声
啊　我听到了
种子落地的声音
似有似无
如烟如雾
犹如江南女子
在风中轻轻
舞动着纱巾
把孕育得太久
太久的甜蜜
和美丽的憧憬
撒进田垄

杏花　春雨　江南
就这样悄悄地
温柔而又多情地
融化了冰雪严寒
放牛娃的笛声
缠绕着蒙蒙烟雨
在梦想里发芽
明天
那阳光灿烂的日子
不知稻花飘香的
江南水乡
流淌的　又该是一幅
怎样醉人的风景啊

喜马拉雅哨兵信笺

妈妈　不知道
这会儿　您在做啥
今夜的月光下
是不是又在想我啦
十五的月亮
又圆又大
银白色的月光
照亮了喜马拉雅
我呢　每天握着
心爱的钢枪
站在边防哨卡
脚下就是加勒万河谷
山谷的风
很大很大

但是 我知道
为祖国站岗
战士的担当
比天还大

这里人烟稀少
没有桃李杏花
只有皑皑雪山
风光如画
天气很冷很冷
心却是暖暖的
因为 因为
飘扬的五星红旗
呼啦啦 呼啦啦
每天都在跟我说话
知道吗 妈妈
世界上 我是站得
最高最高的
边防哨兵
朝迎日出
晚送落霞
层峦叠嶂
极目天涯

我仿佛还能看到
咱家乡的灯光呢
今天　是我的生日
也许　您就坐在灯光下
正轻轻抚摸着我的照片
又在不停地念叨着
是呀　我娃已经长大

是的　妈妈
您的儿子
已经长大
豺狼虎豹也好
天崩地裂也罢
都有儿子扛着
守护祖国安宁
无论春秋冬夏
即便是站成冰雕
站成喜马拉雅
也绝不允许侵略者
恣意犯我
堂堂中华

啊　亲爱的妈妈

有一天　当我回家
带着您临别时
送我的贴心话
还有　还有
这枚金光闪闪的
军功奖章
我要用庄严的军礼
为妈妈擦干
牵挂的泪花
啊　妈妈
亲爱的妈妈
放心吧
请您放心吧

南昌起义的枪声

——献给“八一”建军节

赣水苍茫
走进南昌的万家灯火
我仿佛听见
九十四年前的八月一日凌晨
那一声穿透夜幕的枪响
那一刻　南昌从梦中惊醒
整个中国从梦中惊醒
全世界都听到了
中国工农武装
打响的第一枪
那一声枪响注定要宣告

一个腐朽政权的灭亡

如今 从枪林弹雨中
走出来的新中国
又从火箭的呼啸声中起飞
航母 潜艇 导弹 激光
北斗卫星 量子通信
空间站 火星探测
坚不可摧的现代化国防
为守护人民的幸福安康
布下让一切来犯之敌
都不敢逾越的天罗地网

是的 和平与战争
这是一个永恒的主题
世界并不安宁
霸权依然嚣张
面对百年未有之大变局
实现民族复兴伟大梦想
我泱泱中华 已如
巨龙腾飞 扶摇直上
任凭狂风骤雨 滔天巨浪
岂容豺狼猛兽肆虐疯狂

我们不会忘记
井冈山的翠竹松林
秋收起义的火把
雪山草地的泥泞
延安窑洞的灯光
更不会忘记
那苦难的岁月
曾有多少骨肉同胞
面对敌人黑色的枪口
宁死不屈
他们凛然挺起的
是堂堂中华民族
英雄的脊梁

守护和平　是中国军人
义不容辞的天职
为人民放哨站岗
没有谁　比中国军人
更懂得钢枪的分量
孩子的笑声
母亲的希望
祖国的强盛
华夏的梦想

九百六十多万平方公里
每座城镇　每个村庄
每条江河　每座高山
每寸土地　每片海洋
统统都扛在咱军人的肩上

啊　赣水苍茫
枪声在耳
我脚步轻轻地
走进南昌的万家灯火
走进祖国甜蜜的梦乡

附注：本诗完成于2021年。

故　乡

花开花谢　潮落潮涨
步履匆匆　追赶时光
无论何年何月
无论天涯海角
最让我梦绕魂牵的
还是我的故乡
故乡的小路　有我的足迹
故乡的山岗　有我的梦想
故乡的炊烟　缠绕着我的思念
故乡的池塘　陪伴着我的成长
那奔流不息的黄河呀
总在我的乡愁中歌唱

春天　那鲜花盛开的原野

处处弥漫着醉人的芳香
父亲用生锈的犁铧
耕耘着丰收的希望
夏天　那金黄金黄的麦浪
环绕着翠绿秀美的村庄
打谷场上滚动的石碾声
与清脆的鞭花一起飞扬
秋天　那云淡风轻的天空
时时掠过结队南飞的雁阵
谷子　高粱　柿子　红枣
挤满了一座座高耸的粮仓
冬天　那漫天飞舞的雪花
给大地村庄披上素裹银装
人们品尝着丰收的喜悦
甜蜜在每一张面颊流淌

走过人生的风雨沧桑
看了又看　想了又想
我还是觉得
只有故乡的模样
最美　最甜　最亲
只有故乡的月亮
最大　最圆　最亮

啊　故乡

无论走到哪里

你永远都是我

朝思暮想的地方

故乡啊　我亲爱的故乡

寻　觅

——建党百年感怀

一个人，自呱呱坠地，便开始了寻觅，在寻觅中开始了人生之旅。当初，从母亲的莹莹泪花中，从父亲的浅浅皱纹里，我走出故乡，走进了风雨。故乡问我，你去哪里？我说，去寻找幸福，也去寻找成功的真谛。

寻觅着，就这样寻觅着，不停地寻觅着。我在诗经论语的启蒙里寻觅，我在唐诗宋词的诗意里寻觅，我在学校明亮的灯光下寻觅，我在广阔的原野里寻觅，我在泥泞的沼泽里寻觅，我在攀登的山路上寻觅，我在汹涌的江河里寻觅，我在苍茫的荒漠里寻觅……可是，寻来寻去，似乎我总也寻觅不到我想要的东西。幸福与成功，究竟在哪里呢？

于是，我走进泡桐花开的兰考，脱贫致富的每一位乡亲，每一道田埂，都在追忆鞠躬尽瘁、死而后已的焦裕禄书记；我走进大庆油田，每一座油井，每一位兄弟，都诉说着王进喜的功绩；我走进雷锋日记，每一行文字，每一寸光阴，都记录着他为人民服务的足迹；我走进钱学森的微笑里，每一条皱纹，每一道目光，都饱含着他对祖国的期许……

岁月悠悠，抚今追昔，韶山、南湖、南昌、井冈山、遵义、延安、西柏坡、天安门、党的十九大会场，关山万重，百年风雨，始终都有一种信仰、一面旗帜，在指引着一个伟大民族，从黑暗走向黎明，从贫穷走向富裕；从一穷二白走向繁荣富强，从仰人鼻息走向昂首挺立。漫漫历程，前仆后继，有多少党员、多少英雄，鞠躬尽瘁，死而后已，为了一个神圣的信仰、一个不变的初心、一项永恒的使命，赴汤蹈火，奋斗不息，带领中华儿女，从胜利走向胜利！

于是，我又想起庚子年初那场突如其来的瘟疫，狂风骤雨般席卷荆楚大地。青山垂泪，江河呜咽，整个中国都在哭泣。武汉封城，武汉告急！疫情就是命令！山在集合，水在集合，整个中国都在集合，军民闻风而动，以迅雷不及掩耳之势，向着江汉三城迅猛出击！有多少英雄赞歌，有多少感人事迹！在医院，在工地，在与病毒搏杀的病房，在送别白衣战士凯旋的人群里，我看到最多、最美，闪耀着夺目光辉的，就是那一面鲜红的中国共产党党旗!

为人民服务！为人民服务！！在民族危难时刻，他们挺身而出，即使献出生命，也在所不惜！舍小家而顾大家，毫不利己，专门利人，全心全意为人民服务，在中国共产党的旗帜上，永远飘扬着人民至上的真理!

母亲的泪花，父亲的希冀，祖国的培养，党的哺育，终于使我明白了一个道理：我们都是黄土地养育的儿女，只要，只要心中有一种信仰，一种意志，一种勇气，一种知识，一种匠心，一种技能，一种特长，一种把理想、梦想变为现实的坚持，我们所要寻觅的成功与幸福，其实，就在自己脚下，就在自己的心里，就在自己心里呀。

爱在哪里

你常问我　爱是什么
我也问你　爱在哪里
是父亲那温暖的脊背
还是母亲那甜蜜的乳汁
是故乡那缕袅袅的炊烟
还是长河那圆圆的落日
是情侣久别的思念
还是游子盼归的愁绪
是故乡那一轮明月
还是祖国那迷人的晨曦

爱是什么　爱在哪里
你在问我　我在问他
是在女娲补天的神话里

还是在后羿射日的传说里
是在仓颉造字的工坊里
还是在神农伏羲的桑田里
是在三皇五帝的谋略里
还是在世代朝纲的更迭里
是在楚辞元曲的旋律里
还是在唐诗宋词的吟唱里

爱是什么　爱在哪里
忽远忽近　若即若离
是荒原戈壁的驼铃声声
还是辽阔草原的芳草萋萋
是崇山峻岭的茫茫云海
还是大漠深处的潺潺小溪
是枯木逢春的丛丛新枝
还是久逢干旱的绵绵春雨
是风云变幻的海阔天空
还是千帆竞发的大江东去

爱是什么　爱在哪里
深深浅浅　寻寻觅觅
是在久别重逢的笑声里
还是在依依惜别的泪花里

是在婴儿第一声啼哭里
还是在甜甜蜜蜜的日子里
是在胸佩红花的奖状里
还是在平平淡淡的岁月里
是在心心相印的思念里
还是在生死相依的誓言里

爱是什么　爱在哪里
你在问我　我在问你
你问高山　高山摇头
我问落日　落日西去
你问江河　江河无声
我问大地　大地不语
啊　五千年历史积淀
五千年文化凝聚
关于爱的谜底　原来
就在中华儿女的心里

春　　歌

仲春二月　蛰伏的暖流
将冰层悄悄拱破
于是　桃花溪
倏然挣脱冬的封锁
又泛起笑的旋涡
岸边的垂柳刚刚吐芽
急不可待的鱼儿
争先恐后　掀起浪花儿
在河面自由地嬉闹穿梭
你看　一条条红领巾
飘过小桥
亮了桥上的风景
醉了桥下的云朵

春天来了
春天来了
山的那边　隐隐约约
有春雷滚动的声音
是在向冬天告别
还是与春天约会
是热与冷的激情拥抱
还是大地跳动的脉搏
侧耳倾听　细细倾听
原来　那是春风吹着口哨
从遥远的南方归来
要在这里　与春雨集合
不一会儿　伴着风声雨声
和小溪的欢笑声声
所有的树林都在起舞
所有的山泉都在唱歌
金灿灿的油菜花
忍不住扬起笑脸
在春风的抚弄下
也笑得前仰后合

一切都在萌动
一切都在复活

云缝里的阳光
挥动银色利剑
斩断冰雪严寒
此刻　久违的春风
正昼夜兼程
跨过万座高山
万重云朵
万道雪原
万条江河
挥动那支多彩的画笔
在被冰雪覆盖的大地
挥毫泼墨
尽情挥洒
已经久违的春色

山在集合
水在集合
江南烟雨
塞北荒漠
祖国的每一座城镇
每一个村落
都跃动着春的旋律
寒意退去

我的祖国
又是一派生机勃勃

啊　北京冬奥会的火炬
映红了皑皑雪山
朋友　请打点行装
让我们重新出发
去拥抱新的春天吧
请旋转你的舞步
引吭高歌
一起向未来
一起向未来
踏上追梦征程
舞动春的旋律
点燃激情
不负韶华
砥砺奋进
奋勇开拓
让我们去播种新的希望
让我们去耕耘新的收获

秋　　歌

秋风起了
枫叶红了
棉花白了
银杏黄了
桂花香了
道路　河流
场院　村庄
被压弯了背脊
被暴风雨蹂躏过的土地
终于　在秋日的阳光下
挺起胸膛
捧出一座座金色粮仓
南飞的雁群
一路高歌

鸟群一样的收割机
也忍不住满心欢喜
扯起喉嗓
踏着金色的波浪
在田野歌唱

啊　我的祖国
我的家乡
灾情　疫情的风暴
没有　也不会扑灭
收获的热望
春天播下的种子
照样发芽　生根
照样开花　结果
没有任何力量
能够阻挡
也不可能阻挡
幸福甜蜜的日子
在黄土地上年年生长

此刻　当我
极目远望
丰收的原野

五彩缤纷
似乎所有的树林
所有的田埂都飘散着
阳光的清香
真的很想很想
也放开喉嗓
唱一曲丰收之歌
让悦耳动听的旋律
随风飘荡
祖国的秋天啊
你用多彩的画笔
在希望的田野上
又泼洒出一幅
多么美的图画
九百六十多万平方公里的
辽阔疆域　好一派
盛世飞歌景象
土地　天空
高山　海洋
都在与秋风一起
放声歌唱

面对丰收的喜悦

我必须打开体内的
每一个细胞
每一根神经
去感受秋天的温度
当运粮的车队
满载着欢声笑语
和耕耘的故事
风驰电掣般驶过
秋色烂漫的田野
抓一把秋风
放在鼻尖闻闻
秋天的味道
真的又甜又香

啊　亲爱的朋友
此刻　当你站在
云淡风轻的原野
是不是和我一样
也闻到了秋的芳香

灯　　光

太平洋的狂风巨浪
拍打着我的泪光
夕阳燃烧着血红的思念
沉入苍茫

远方　我的祖国
我的故乡
也在眺望我吗
太阳落山的空蒙里
为什么总也摇曳着
那如豆的灯光

灯光下的母亲
已经走了

走得很远很远
很久很久
今生来世　再也
无法触摸她的慈祥
但是　灯光
却一直亮着
茅屋　纺车　小猫咪
桂花树　土墙　还有那
挂在树梢的星星月亮
捉迷藏的小伙伴
都挤在灯光里
听她讲述久远的故事
门外那弯小溪
总在浅吟低唱

灯光亮着
妈妈的灯光
就那样亮着
永远地亮着
在风雨中
在暗夜里
为我照亮远行的路
回望来路

走过了万水千山
岁月流年
不觉已是白发苍苍
可是 走得再久再远
也走不出
那甜蜜的微笑
也走不出
那温柔的目光

妈妈的灯光
故乡的灯光
那是我一生的思念
一生的珍藏
那是我一生的航标
一生的方向
无论天涯海角
无论惊涛骇浪
那束灯光
总在我的梦中
总在我的心上
啊 我永远的灯光
永远的惆怅
我永远的依恋

永远的故乡
永远的故乡啊

附注：1979年2月5日记于美国西雅图，2021年9月19日改于北京。

榴花似火

榴花似火
一丛丛　一朵朵
张开红红的嘴唇
泛起春的笑涡
爱美的蝴蝶
不甘寂寞
煽动着翅膀
落在枝头
听蜜蜂唱歌

风儿　风儿
请你告诉我
蜂儿嘤嘤地
唱着什么

不唱北风吹
不唱雪花飘
暖暖的阳光下
唱一支甜蜜的歌

布谷叫了
槐花香了
麦子黄了
樱桃红了
五月的田野
挤满了欢乐
是谁家娃子
骑在牛背
悠悠吹着
一支丰收的歌

悠悠白云
驻足倾听
潺潺溪流
藏藏躲躲
石榴树抖动着
火红的旗帜
仿佛在说

冬天走了
春天来了
啊 春天来了
所有的甜蜜
所有的希望
所有的收获
所有的欢乐
都在春天集合
都在中国集合

最温暖的地方

儿时　母亲的胸脯
是最温暖的地方
她用甜蜜的乳汁
滋润我茁壮成长

童年　故乡的土地
是最温暖的地方
她用宽广的胸怀
拥抱我的快乐时光

少年　学校的灯光
是最温暖的地方
她用智慧的种子
播洒着我的梦想

青年　初升的朝阳
是最温暖的地方
她用闪光的轨迹
引导我走向远方

成年　浩渺的天空
是最温暖的地方
她用七彩的云霞
编织我的远大理想

老年　夕阳的余晖
是最温暖的地方
她用最美的笑容
礼赞人生的辉煌

我的祖国　我的故乡
那是最温暖的地方
走过了万水千山
她总在我的心上

涛声依旧

一个夏日午后
我风尘仆仆
踏上橘子洲头
不见鹰击长空
不见鱼翔浅底
唯有湘江北去
涛声依旧
忆领袖少年
指点江山
激扬文字
粪土当年万户侯
一把雨伞
撑起漫天风雨
一双巨手

挥舞镰刀与锤头
为泱泱中华
写下盛世春秋

掬一杯清茶
权当醇酒
问湘江风烟
听渔歌唱晚
看千帆竞秀
叹天地悠悠
浪淘尽千古豪杰
自有我江山不朽
先贤遗愿
已化作遍地夕烟
百舸争流
已汇成龙腾九州

看我泱泱中华
千秋功业成就
颂党恩浩荡
涕泪纵横
追随领袖
岂敢驻足停留

愿化作江水一滴
推波助澜
为民族复兴
中国梦圆
再写风流

在海滩，我仰望星空

风暴收起了野性
又是一个金色黄昏
海鸥舞动着翅膀
将暮云剪成一幅风景
我缓步徜徉于海滩
寻觅着那破碎的记忆
贝壳噙着晶莹的泪花
仿佛还在诉说
昨夜 那场风暴
留下的辛酸苦痛

月牙升起来了
点亮漫天星斗
远方雾蒙蒙的海面

又见晚归的帆影
啊　我的大海
我的城市
我的乡村　此刻
次第亮起万家灯火
听啊　从何处飘来
《我和我的祖国》
那优美动情的歌声

仰望星空
抚今追昔
我的心潮起起伏伏
无法平静
从南湖红船
到宝塔山下
从天安门广场
到抗疫救灾斗争
为实现民族复兴的梦想
在镰刀与锤头
织成的党旗下
中国　踏着雄壮的步伐
唱着《义勇军进行曲》
走过了多少光辉历程

涌现了多少天地英雄

我问大海
大海默默无声
我问星空
星星眨眨眼睛
是啊　是啊
不知道　不知道
连大海星空
也无法说清
为了民族复兴
祖国安宁
究竟　有多少英雄儿女
前仆后继
英勇牺牲

仰望星空
我在沙滩
踽踽而行
海浪如泣如诉
涛声忽远忽近
风　附耳轻语

为了明天　永远
拥有这个美好的夜晚
每一个中华儿女
都在追随先烈足迹
投入火热的斗争

披着月光
踏着涛声
怀着深深的思念
和无比崇敬
我把脚步放得轻轻
逝者已去
来者可追
英雄的光辉
英雄的精神
的的确确
已经　并且永远
都是我们乘风破浪
实现伟大梦想的
指路明灯

那么　此刻
请允许我

以诗歌的名义
以大海的名义
向英雄致敬
花开花谢
潮涨潮落
星转斗移
日落日升
英雄将与日月争辉
与山河同在
永远永远
辉耀在我们心中
辉耀在我们心中

地　　铁

从五千年的历史隧道里
呼啸而出　车轮与铁轨
一路上谈笑风生
想不到　钢与铁的交谈
竟也如此充满柔情

一座站台
一道风景
整个世界都在这里驻足
那些白皮肤　黑皮肤
黄皮肤的眼睛
在温柔的灯光下
默默地　传递着友谊
微笑　礼让　点头　挪动

摩肩擦踵
道一声“谢谢”
便心领神会
相向而行

人与人的相处
原本就该这样融洽和谐
命运与共
在狭小的空间 并肩而立
伴随着钢铁的轰鸣
一起去穿越时空
你有你的梦想
我有我的憧憬
向着同一个方向进发
用智慧和劳动
去拓展多彩人生

啊 风驰电掣
来去匆匆
说一声再见
送一句珍重
今日短暂相聚
也许 也许明天

我们还会
再次相逢
挥手间　我恍惚
突然觉得
在时间的隧道里
我们这个地球
仿佛也是一节车厢
在宇宙的轨道上
不停地穿梭运行
七十八亿人不也是
一个命运共同体吗
为什么就不能
把饥饿　贫困
仇恨　战争
统统甩在身后
大家携起手来
一起走出黑暗
走向光明

那么　就让时代的列车
满载着欢声笑语
驶向团结　友爱　和平
驶向公平　公正　平等

一个阳光普照的新世界
最终　必须　也必然
在历史前进的轰鸣声中
轰轰烈烈地　诞生

水　　灾

2021年7月，故乡郑州、新乡、卫辉、安阳等地突遭千年一遇特大暴风雨袭击，人民生命和财产遭受巨大损失。夜不能寐，诗以记之。

洪水退去
一切都归于沉寂
狂躁的乌云
挥舞着鞭子
还在抽打我的故乡
被狂风骤雨
蹂躏的中原大地
已面目全非
我泪流满面
在黄河岸边寻找
我的村庄
我的父老乡亲

在哪里　在哪里
你在哪里

啊　听到了
我听到了
远方的呼唤
郑州　郑州
我是长城
我是长江
我是十四亿
同胞兄弟
郑州挺住
河南挺住
我们来了
我们来了
我们就在这里
我们都在这里
河南的父老乡亲
中原的姐妹兄弟
请不要哭泣
祖国在　河南就在
军人在　希望就在
天塌了　我们一起扛着

地陷了　我们生死相依
洪水猛兽　可以暂时
吞没我们的城镇乡村
却永远　无法撼动
我伟大中华民族
战天斗地的勇气
中国　中原　中岳
一个大写的“中”字
犹如中流砥柱
在狂风巨浪中
永远昂首挺立
劈开八千里风暴
扫尽九万里雷霆
那灿烂温暖的阳光
必将洒满祖国大地

看吧　乌云散了
洪水退了
太阳　露出了笑脸
河南　擦干了泪滴
此刻　站在黄河大堤
我不知道
我不知道

该用什么话语
诉说心中的感激
我只想 只想
伸开双臂
与滔滔黄河
巍巍太行山
站在一起
放开喉嗓
大声呼喊
亲爱的祖国
我爱你
亲爱的同胞
我爱你
我爱你——

附注：2021年7月25日写于北京。

生命之歌

昨天，今天，明天

有人说　人生只有三天
昨天　今天　和明天
昨天　无论是苦风凄雨
还是阳光灿烂
无论是耻辱磨难
还是荣耀光环
都已随风而去
犹如过眼云烟

今天　太阳照样从东方升起
道路依然向远方铺展
荆棘泥泞也好
关山万重也罢
你还必须　一步一个脚印

脚踏实地走向明天

而明天　是一片迷人的彩霞
一道亮丽的风景线
看似很远　其实很近
它总是充满着期待和希望
远在天边
向你发出深情的呼唤

啊　朋友　走出昨天的门槛
抓住今天每一寸光阴
跨上通向明天的征途
一天一幅风景
一处一座驿站
用你的脚印
用你的目光
把昨天　今天　和明天
编织成人生最美最美的花环

祖国的好女儿

二〇二〇年四月六日十八时五十八分
张静静护师走了
那一刻　我仿佛听到
整个齐鲁大地
都在哭泣
人们无法相信
也不愿意相信
这位优秀的白衣战士
刚刚从武汉抗疫归来
却倒在回家的路上
带着对父母　孩子
和爱人的深深眷恋
倏然离去

静静　张静静

你就这样走了吗
战友呼唤着你
亲人呼唤着你
泰山呼唤着你
黄河呼唤着你
长江呼唤着你
整个中国都在
呼唤着你啊
年迈的父母等你
五岁的孩子等你
远在非洲维和部队的爱人
也在万里之外
等待你的归期
可是为什么　为什么
为什么呀　此刻
任凭千呼万唤
你却闭着眼睛
不言不语
静静　快醒醒
快醒醒呀
你这是怎么了
昨天夜里
你还给家里打过电话

告诉他们　明天
结束隔离　你就回去
可是　可是现在
你却一睡不起
你看　太阳就要落山了
快睁开眼睛看看
咱山东的父老乡亲
齐鲁医院的姐妹兄弟
都万分焦急地
守在你的身边
一声声呼唤
一遍遍祈祷
他们多么希望
会突然出现奇迹
可是　你太累了
太累了呀
再也没有醒来
再也没有醒来呀
就这样　静静
静静地诀别了
你深爱的故乡
你　你才只有
三十二岁的年纪

武汉人民没有忘记
黄冈人民不会忘记
五十多个日日夜夜
你与他们生死相依
你把爱的泪水
爱的无悔
爱的微笑
爱的足迹
点点滴滴　都写进了
抗疫日记
你说　本想悄悄地返回
没有想到
黄冈人民　赶来送别
齐刷刷地站在路边
向英雄鞠躬　敬礼
是的　你们的奉献
你们的牺牲
换来了今天的春暖花开
你们的驰援
你们的坚守
终于迎来武汉保卫战的
决定性胜利
依依惜别时刻

难分难舍
湖北人民 又怎能
不以庄严神圣的仪式
向英雄们表达敬意

张静静 知道吗
你的爱人 此时此刻
已经登上伟大祖国
专门为他提供的包机
正日夜兼程
赶回济南
他心急如焚
怎么也没有想到
今年春节的这次团聚
竟成了你们的生死别离
你看 你的战友
你的亲人
都守在这里
不停地呼唤着
你的名字
张静静 静静
那每一声呼唤
都撕心裂肺

沾满了泪滴
不　这不是真的
不是真的
在他们心中
你没有离去
永远不会离去
祖国的好女儿
我们的张静静护师
你永远永远
都活在人民的心里

附注：张静静，山东省第一批援鄂医疗队员、齐鲁医院呼吸与危重症医学科主管护师。于2020年1月25日飞赴武汉、26日奔赴黄冈医院抗疫；3月21日随医疗队返回济南，原本医学隔离期满后就能回家休息，却于4月5日早上7时突发心脏骤停，经全力抢救无效，于4月6日18时58分去世，年仅32岁。

中国美女

长发披肩
婀娜多姿
柔柔的目光
如汪汪秋水
浅浅的微笑
如春风徐徐
走遍中国
处处都有你们
甜甜的笑容
每一片黄土地
都律动着你们
青春的旋律
你们是美的化身
你们是爱的化身

啊　中国美女

中国美女
不让须眉
每当危难时刻
都用纤纤手臂
遮住漫天风雨
当突如其来的
新冠病毒肆虐中国
武汉告急
是谁又一次
披上花木兰的戎装
冲向忠心报国的
前沿阵地
为了争分夺秒
抢救生命
毫不犹豫地
剪断一头秀发
风中不见长发飘飘
唯有一队队“女汉子”
英姿飒爽
分外美丽
啊　白衣天使

中国美女

中国美女
披挂上阵
与时间赛跑
只争朝夕
锋利的剪刀
咔嚓一声剪出的
是一幅最美丽的风景
是一串最动听的音符
与长江的声声呼唤
遥相呼应
汇成一支战地壮歌
激荡起一部
震撼心灵的赞美曲

啊 中国美女
巾帼英雄
黑夜过去
曙光升起
顺利凯旋
指日可期
灿烂的阳光下

我们在路边等你
不为别的
只为你们
献上一束鲜花
一份敬意
也献上祖国母亲
一个最甜蜜的亲吻
一个最庄严神圣的
敬礼

敬礼
敬礼
中国美女
我们爱你
我们爱你——

附注：在抗击新冠肺炎疫情这场没有硝烟的战争中，在武汉战地医院有来自西安国际医学中心医院、河南医疗队的百余位女队员，为了节省换防护服的时间，去救治更多的患者，她们临战前狠心剪断一头秀发或干脆剃了光头。她们说，头发没有了，还可以再长，生命失去就无法复生了。

您用双脚，写下永恒的箴言

——献给高登义先生

学会走路
似乎　这是一个
不是问题的问题
但是　走什么样的路
走向何方
走出怎样的高度
怎样的风景
每个人　却大相径庭
荣辱迥异

于是　我想起高登义
想起　这位勇探南极　北极

珠穆朗玛峰的科学家
自从您　走出蜀道难
难于上青天的四川盆地
走出　父母亲送别时
那盈盈的泪光
一路上　关山万重
坎坷崎岖
或柳暗花明
或狂风骤雨
您硬是用一双脚板
一步一步
用信念　勇气
用意志　毅力
用无私无畏的科学探险精神
用矢志报国的忠贞不渝
书写着人生的精彩华章
奏出了英雄无悔的交响曲
鲜花　掌声　欢呼声
一起朝向你
朝向光荣
朝向胜利
朝向衷心的赞美
朝向崇高的敬意

此时此刻
登珠峰而小天下
俯瞰苍茫大地
我不知道 我们的
高登义先生
又该怎样诠释
关于科学 关于人生
这个 每个人都必须
认真回答的问题

啊 是的 这一切
似乎用不着多说
用不着多说啊
您已经 用你的足迹
您的壮举 告诉我们
科学攀登的道路
永无止境 只有
敢于砥砺奋进 披荆斩棘
跨越天险 所向披靡
才能 在艰难的跋涉中
领略探索未知的巨大乐趣
才能 在失败与成功中
体味精彩人生的真谛

记得　您曾经说过
一个人　走得再远
也走不出母亲的视线
无论走到哪里
祖国　都在自己的心里
与海豹对话
与企鹅嬉戏
伴极光起舞
携冰山漫步
您最牵挂的　还是
故乡的那轮明月
和全球的冷暖
那厚厚的气象日记
字字珠玑　承载着
您对民族伟大复兴的梦想
也镌刻着　您对人类
生存发展的期许

您还说　您是大自然之子
知天知己
天人合一
是您追求的最高境界
在大自然中行走

每一步　都托举着
您对大自然的敬畏
和对生命的解析
就这样　您走着走着
不停地走着
从地球之巅　又走进
梦幻般神奇的雅鲁藏布江大峡谷
去触摸那里的　每一棵小草
每一条小溪　甚至
每一寸阳光
每一颗水滴
都会给您
带来意外的惊喜

就这样　走啊　走啊
行走于天地之间
行走于科学迷宫
八十年艰难跋涉
您为科学与祖国
创立了许多令世界震惊的第一
第一个参与雅鲁藏布江
大峡谷的论证
科学数据证明　峡谷的长宽深

已经傲居世界第一
第一个在中央电视台
准确预报攀登珠峰的最佳气象
确保登山健儿在地球之巅
高高舞动我们的五星红旗
您还是第一个完成地球三极
科学考察的中国科学家
啊　四十多次的环球科考
您用血水　汗水　泪水
写下一部英雄的传奇
用赤子情怀和献身精神
向亲爱的祖国　交出了
足以让她骄傲自豪的业绩

登高不止
登极取义
这是您　用双脚
在人生之路
写下的永恒箴言
字字闪光　篇篇哲理
那么　就让我们
追随着您的足迹
从学步开始　从这里

奋力跃起
向着远方
向着那座更高更高的山峰
出击　出击　出击

麦浪如歌

——献给“小麦狂人”茹振钢

您是黄河的儿子
黄河的乳汁
滋润着您的梦想成长
唐诗　宋词　元曲
还有　那高亢而优美的
河南梆子　自幼
就在您的梦想里歌唱
这里的每一道田埂
每一座村庄
每一缕炊烟
每一寸阳光
也总在您的乡愁里摇晃
您是多么渴望

这片曾被战争灾荒
蹂躏的中原大地
一年四季　都能耸起
溢满丰收喜悦的粮仓

为了这个梦想
您拼上命发狂似的
奋斗了四十多个春秋
用长满老茧的双手
把血水　泪水　泥水　汗水
和数不尽的苦辣酸甜
都统统揉进小麦的醇香
多少个日日夜夜
严寒酷暑　淫雨骄阳
您吃在地头　睡在地头
就像母亲守护着孩子
为了麦苗的茁壮成长
在坎坷泥泞的道路上
艰辛跋涉　卧薪尝胆
被折磨得遍体鳞伤
有人说　爱麦苗
您爱得如醉如痴
有人说　爱良种

您爱得近乎疯狂
的确“小麦狂人”这个称号
是父老乡亲
对您的最高奖赏

此刻　当您头戴草帽
肩背水壶　穿着那身
被风雨褪色的军装
极目远望　那海洋般
翻腾不息的麦浪
我想　我们的小麦狂人
我们的育种专家
您一定闻到了
那遍地麦花的清香
我不知道
酷爱诗词歌赋的
茹振钢先生
又该用怎样的诗句
怎样的歌喉
向母亲河诉说
您的不懈追求
您的豪情满腔
其实　用不着多说

用不着多说啊
只要看看您那沾满
泥土的双脚
那被岁月风雨
染白的双鬓
黄河知道　故乡知道
祖国母亲知道
是您　把小麦丰产的论文
洋洋洒洒写在
这辽阔无垠的大地
是您　用黄淮第一麦
“百农矮抗58”
及其庞大的家族
在黄淮平原
在全国各地
谱写出小麦优质高产的
动人乐章

啊　我听到麦浪滚动的声音
我听到收割机纵情的歌唱
那是最威武雄壮的队伍
那是最优美动听的旋律
风吹麦浪

麦浪如歌
金灿灿的小麦
金灿灿的梦想
在中国大地奔涌激荡
那一刻
没有谁比您更懂得
一粒小麦良种
在您心中的分量
是的　当一粒粒种子
落地生根　破土而出
齐刷刷地挺起脊梁
撑起的　不仅仅是
全国人民的丰衣足食
那千座金山　万座粮仓
筑起的　更是我们伟大祖国
粮食安全的坚固屏障啊

茹振钢　一个多么
铿锵悦耳的名字
含辛茹苦　振兴中华
您有钢铁般的意志
您有钢铁般的力量
您有狂人的狂痴

您有狂人的狂放
您用科学与祖国
您用小麦与梦想
您用科技与扶贫
倾情而豪放地演绎着
中国科学家的惊世传奇
同时　也用麦菽千重浪的
畅想曲　在世界东方
演奏出一部惊天动地
荡气回肠的交响曲

啊　茹振钢
这三个狂写的大字
站起来　就是一座高山
如巍巍太行
矗立在人民心上
矗立在人民心上

爱心方舟，让世界绽开笑容

——献给顾方舟先生

忘不了　永远忘不了
那个叫您心碎的情景
那是一个寒冷的冬天
北风呼啸　滴水成冰
一个身患小儿麻痹症的
儿童　趴在地上
伸出扭曲变形的双手
在向路人苦苦哀求
叔叔　阿姨
我爸爸死了
妈妈生病
救救妈妈
救救妈妈呀

孩子的哭声
让多少行人
泪眼模糊
叹惜声声
此情此景
就像一场噩梦
伴随着您　走过了
九十二年的风雨人生

啊　顾方舟先生
您说　这一生
您就做了一件事
与脊灰炎病毒斗争
让千千万万儿童
都能够健康成长
快步如风
是的　人生在世
本来就应该
顶天立地
昂首挺胸
岂能一辈子
屈膝下跪
在地上爬行

于是　您下定决心
担负起拯救儿童
普救苍生的使命
在穷山僻壤
在城镇乡村
或栉风沐雨
或翻山越岭
考察脊灰炎症的分布规律
探索病毒传播的行踪特征
四十多年卧薪尝胆
四十多年风雨兼程
最终　您率领一个
无坚不摧的
攻关团队
奋勇登上
那座傲居云天
一览众山小的
科学高峰

如今　儿童脊灰炎症
在中国早已销声匿迹
我们又怎能忘记当初
曾经席卷中国大地

那场没有硝烟的战争
一次次生死较量
一次次冲锋陷阵
一次次山穷水尽
一次次柳暗花明
寻找毒株
研制疫苗
就像大海捞针
终于在显微镜下
发现病毒的身影
决战决胜时刻　您不仅
带头吞食了第一批疫苗
还瞒着妻子　果断决定
让不到一岁的儿子
以身试药　吞食糖丸
您多么盼望　疫苗试验
在儿子身上取得成功
然而　一旦失败
后果不堪设想
不堪设想呀
万一悲剧发生
您又该如何面对家庭
面对孩子的一生啊

一个多月　就这样
您寝食难安
守护着儿子
寸步不离
胆战心惊
如履薄冰
一会儿摸摸孩子的脉搏
一会儿看看孩子的表情
儿子哭了
您心乱如麻
儿子笑了
您满面春风
儿子睡了
您哼着歌谣
儿子醒了
您亲亲脸蛋
您把父亲　母亲　医生
和科学家的责任　爱心
统统揉在一起
铸成一把镇妖利剑
您向狡猾的脊灰炎病毒
发动了一场歼灭性的进攻
您说　这一切都是值得的

因为　在您看来
儿子的每一个微笑
每一寸目光
点亮的不仅仅
是全中国父母的希望
甚至那还是千秋万代
祖国的繁荣昌盛啊

啊　顾方舟先生
我们的糖丸爷爷
糖丸爷爷
这是孩子们对您
最甜最美的称呼
是啊　甜甜的糖丸
让全世界的父母亲
绽开了笑容
甜甜的糖丸
让天下所有的儿童
都拥有幸福的人生

此刻　当我们
仰望您远去的背影
我仿佛看到

那艘满载全世界孩子笑声的

爱心方舟

正迎着灿烂的曙光

劈波斩浪

驶向未来

驶向光明

天使的眼睛

那是一双
被面罩　口罩　防护镜
遮住面容的眼睛
那是一双
被病毒　呻吟　防护服
重重包围的眼睛
那是一双
牢记使命　在生死线上
奋勇穿越的眼睛
那是一双为拯救生命
闪耀着希望光芒的眼睛

昏迷中的患者
不知道医生　护士

叫什么名字
即使醒来　也不知道
是哪位白衣天使
让他们起死回生
不知道　他们来自
哪个医院　多大年龄
只有　只有那双
明亮的眼睛
只有　那熟悉
而陌生的目光
溢满爱的温柔
总在心头流动

你不要怕　你的病不好
我们就不会回去
你不要怕　要相信自己
我们一起与病魔斗争
哪儿不舒服　随时叫我们
我们就守在身边
我们医生　护士
都是你的亲人

白衣天使的话

说得平平淡淡
声音很轻很轻
却如春风雨露
滋润着受伤的心灵
谢谢　谢谢你们
如果　不是你们的
奉献牺牲
我可能真的
挺不下去了
你们的眼睛
你们的眼神
是患者几乎绝望中
最强大的力量支撑
只要看到你们的身影
我们活也从容
死也从容　因为
因为　是你们用生命
守护着我们的生命

说着　说着
患者流泪了
热泪模糊了眼睛
听着　听着

天使流泪了
泪水打湿了护目镜
这是目光与目光的交流
这是心灵与心灵的沟通
被泪水打湿的病房
顿时　寂静无声
是的　是的
用不着多说
用不着多说啊
那每一句对话
都是世界上最美
最美的语言
那每一双眼睛
都是世界上最美
最美的眼睛
我们的白衣天使
舍生忘死的作风
救死扶伤的精神
足以令天地动容

我歌唱那双美丽的眼睛
我赞美那道深情的眼神
温馨　暖心　爱心

清澈　纯净　透明
像一颗颗夜空闪耀的
最明亮最明亮的星星
高高悬挂在我们心中

附注：抗击新冠肺炎疫情时期，医护人员穿着防护服，戴着口罩和护目镜，患者看不到他们的脸，也不知道他们的名字，护目镜下的那一双双眼睛如夜空中最亮的星星，给患者带来信心、温暖、希望与力量。2020年2月23日，一位新冠肺炎患者康复出院时哽咽地说："说星星很亮的人，是因为他们没有看过护士和医生的眼睛……"

骑单车的姑娘

夜色朦胧
雨雾重重
远方
那是什么
忽隐忽现
如同海面上
摇曳的一叶帆影
啊　近了近了
原来是一位姑娘
骑着单车
在风雨中穿行

哎　姑娘　停停
你不知道吗

武汉刚刚封城
很多道路
已经禁行了
哦 知道的
可我是医生
那么多病人
不去怎么行啊
姑娘掏出手机
给民警看了看
那张临时电子通行证
名字 甘如意
年龄 二十四岁
单位 金口卫生院范湖分院
通行地点 荆州—武汉
民警摇摇头
瞪大了眼睛
满脸吃惊
荆州到武汉
要知道 三百公里啊
姑娘啊 这个时候
骑单车回武汉
太危险了
你一个女孩子

怎么能行
不要紧的
骑一段　就少一段
只要往前走
就一定能到达医院的
姑娘捋捋淋湿的秀发
目光执着而坚定

就这样
风雨无阻
昼夜兼程
四天三夜
伴着风声　雨声
就着方便面　榨菜
和面包充饥
自行车的轮子
滚动着
不停地滚动着
靠着这种韧劲
这种恒心
这种顽强
这种责任
她终于如愿以偿地

回到医院
又忍受着膝盖疼痛
投入抗疫斗争
院长吃惊
病人吃惊
都说 这位“95后”的
白衣战士
是一位了不起的姑娘
可她却摇摇头
微微一笑
我只是一个普通医生

普通医生
淡淡的话语
淡淡的笑容
如蒙蒙春雨
滋润着人们的心田
似芬芳花朵
绽放在人们的心中
是啊 说的也是啊
在这场生死决战的
全民抗疫战争中
在中国各个战场

有谁知道
究竟涌现出多少
这样普普通通的
无名英雄啊

母　　亲

——2008年5月12日汶川大地震诗日记

题记：这是发生在汶川大地震中一个真实的故事。当救援战士从废墟中救出孩子的那一刹那，战士们都惊呆了！孩子的母亲已经遇难，但是母亲却躬着躯体，弯曲着双臂，紧紧搂抱着孩子，定格成一尊雕像。战士们不约而同地脱下军帽，向伟大母亲致以最崇高的敬意！

孩子　睡吧
你就睡吧
天塌下来
有妈妈扛着
不怕　不怕

亲爱的孩子
如果你能活着
一定要记住

妈妈是爱你的
只希望
你能快快长大

母亲　在临终前
给婴儿留下短信
手机上沾满了泪花

刹那间
房屋再次坍塌
墙体屋架　重重地
压在母亲的身上
她用尽全身力量
弓起四肢
把孩子护在胸下

孩子得救了
在妈妈的怀里
睡得很香很甜
面颊上　那浅浅的笑窝
就像两朵含着露珠的小白花
也许在梦中　他还在听妈妈
一遍又一遍

讲述着他最爱听的
那个美丽的童话

孩子 大灰狼被赶跑了
不怕 不怕 小乖乖
睡吧 你就睡吧

附注：这首诗曾由著名朗诵艺术家葛兰在中国现代文学馆朗诵，催人泪下。

爱的箴言

不要相信誓言
因为很多誓言
都是表演
人生舞台很大
演员太多太多
生旦净末丑
眼花缭乱
真的亦假
假的亦真
角色转换
真假难辨
哭的在笑
笑的在哭
谁知誓言背后

藏着多少欺骗

多少喜剧悲剧
天天都在上演
爱恨情仇
苦辣酸甜
星移斗转
风云变幻
一步走错
懊悔终生
一不小心
便会跳进深渊

其实 既然相爱
用不着海誓山盟
信任 理解
体贴 包容
甚至一声问候
一个微笑
一点呵护
一句慰勉
自然而然 就把
爱的火花 点燃

春风吹来
冰雪自会融化
瓜熟蒂落
才能品尝甘甜

不必花言巧语
不必强颜欢笑
酿造爱的美酒
需要窖藏时间
烹制美味佳肴
必须五味俱全
平平淡淡是真
凡事顺其自然
相爱　需要真诚
相爱　需要奉献
相爱　更需要的
是心与心的交谈

啊　朋友　记住
人生的道路弯弯
有多少沟沟坎坎
一个真字如柱
撑起幸福一生

一个心字如船
劈波斩浪扬帆
誓言千遍万遍
不如真心一片
此生牵手同行
何惧万水千山

无悔的青春

不要悲戚
不要总是叹息
那流逝的青春
已经远去
不要悔恨
不要总是惋惜
那荏苒的光阴
渐渐老去

每天　每天的每天
那轮红日
照样从东方升起
即使夕阳西下
依然满怀热望

用慈爱的目光
温暖大地

每夜　每夜的每夜
那轮明月
照样穿越黑暗
笑傲苍穹
率领漫天星斗
在无际太空
演绎神奇

时光是一位
公正无私的老人
对于每个人
从来都慷慨赠予
唯有知道珍惜
并且肯于付出
便会得到
加倍补偿
收获惊喜

啊　亲爱的朋友
与其跪在神坛

忏悔千年
何不抓住时机
在春天的土地
播种梦想
让它发芽　生根
让它开花　结果
并且　为你深深
爱着的这片土地
展露韶华
无怨无悔地
绽放你的美丽
奉献你的甜蜜

生命，是一条又长又宽的河流

生命　是一条又长又宽的河流
从起点到终点
有数不尽的河汊和港口

也许那沉沉暗夜
我们在礁丛中迷失方向
也许那离离白昼
我们在花丛中徘徊停留

长风破浪　会当水击三千
曲水流觞　笑看弯月似钩
惊涛拍岸　又听崩雪如雷
砥柱中流　任由浪遏飞舟
雄关漫道　闯风狂雨骤

舞榭歌楼　唱红灯绿酒
尝尽了人间苦辣酸甜
挥洒出我辈千古风流

当青春的风帆悠悠滑过
那永不复返的岁月
蓦然回首
但见长河落日
有多少美丽的漩涡
留在身后

啊　河流　当你负载着我们
滔滔地汇入大海
为什么潮起潮落
总也没有平静的时候

那天晚上没有月亮

那天晚上没有月亮
只有星星
在湖面躲藏
鱼儿吹起细浪
与荷花私语
是谁走过小桥
裙裳飘曳
长发飞扬
风很香很香

你偎依着我
喃喃地说　带走它吧
兴许　这玫瑰
在南方可以

茁壮成长
于是　我拉着你
穿过花溪曲径
走进那条
很深很深的小巷

此后　我做了许多
没有月亮的梦
没有月亮
小巷却很长很长
我拿着钥匙
在寻找什么
一堵很高很厚的墙
遮住了夜空
不知今夜
哪一扇门窗
会有玫瑰绽放

所有的门窗
都闭目沉思
所有的灯光
都点亮惆怅
只有几颗星星

躲在树梢
摇动着树叶
沙沙作响
仿佛在说
走吧　走吧
错过了花期
不必彷徨
不要忧伤

不　我不相信
我不相信
会是这样
虽然失去了
那个没有月亮的夜晚
鱼儿　星星　池塘
还有　还有我的玫瑰
一定　一定还在远方
我寻找着　执着地
寻找着　只听见
石板下的小溪
不停地在浅吟低唱

啊　我的玫瑰

我的小桥
与其在这里寻觅千年
不如归去　回到
那个没有月亮的夜晚
坐在长椅上
静静地回想
静静地守望
兴许　秋风乍起的时候
那落叶纷飞的小巷
会飘来玫瑰的清香

等 待

一棵老树佝偻着躯干
裸露着肌肤
躬身海岸　那座
山丘高处
斑驳的树杈颤抖着
伸向高空
就这样摇动着
逝去的岁月
多少个朝朝暮暮
与涛声共舞

曾经有花枝摇曳
曾经有鸟声啁啾
曾经有月下独酌

曾经有鹊桥暗度
多少次风雨摧折
多少次严寒酷暑
多少次枪林弹雨
多少次路有白骨
不堪回首
不堪回首
穿越过漫漫长夜
终于迎来东方
那一轮日出

山也妩媚
水也温柔
远望　帆影点点
近看　莺歌燕舞
唯有脚下小路
弯弯曲曲
起起伏伏
伸向　迷雾的远方
不知宝岛伊人
何日踏上归途

岁月渐渐老去

思念没有归宿
老树 就这样
就这样 躬身岸边
摇动着落叶纷纷
那沙沙落叶
仿佛总在哭诉
啊 纷纷落叶
落叶纷纷
每一片落叶
都沾满了泪珠

红梅花开

是送别冬天
还是迎接春天
一丛丛红梅
在雪花飘落的时候
绽开了花瓣
红的像火
像云　像雾
像虹　像烟
像亭亭玉立的少女
站在冰雪的舞台
笑得如此灿烂

红红的嘴唇
温柔而多情地

吻着游人的目光
吻着小伙的面颊
吻着姑娘的笑脸
漫天飞雪
飘飘洒洒
追着孩子的笑声
在空中旋转
一对恋人
牵手相拥
小心翼翼地
踮着脚尖
躲进花丛
红梅探出身来
挡住风雪
天气很冷很冷
心却很暖很暖

雪花儿
静静飘落
梅花儿
悄悄吐艳
白了湖面
红了梅园

这是冰与火的拥抱
这是春与冬的约会
这是爱与情的亲吻
这是诗与画的交谈
踯躅于漫天飞雪中
流连在花枝烂漫间
啊　是谁在吟诵雪莱
那古老而隽永的诗句
竟把脚印踩成了标点
冬天来了
春天还会远吗
冬天来了
春天还会远吗

黄河柳

多少年了
我未能返回亲爱的故乡
但村头那棵翠绿的黄河柳
总在我的心头摇晃

儿时　我常常爬上它的枝杈
吹着柳哨
把黄河的帆影张望

父亲沿着金色的河滩走来
背后拖着长长的身影
缓缓地融进村庄

于是　茅舍收起了炊烟

浓密的柳荫下
顿时　溢满了包苞粥的清香

我曾在那棵黄河柳下
听爷爷讲述黄河变迁的故事
听着听着　就进入甜蜜的梦乡

我曾戴着柳枝编织的项链
扯着妈妈的衣襟
羞怯怯地去上学堂

我曾背着柳条编织的箩筐
拉着小伙伴去河边捕鱼捉虾
枝头的喜鹊在喳喳歌唱

记得　那一年春旱无雨
就靠着苦涩的柳芽菜
全家才勉强度过一场饥荒

啊　黄河柳
覆盖着多少蔷薇色的记忆
和童年的金色梦想

如今　它常常走进我的梦中
柳树下　洒满银色的月光
有一天　当我回到久别的故乡
我会像儿时一样
扑向那棵黄河柳
紧紧地　紧紧地
偎依在它的身旁

绿　叶

我的生命
与阳光雨露
还有我深深
爱着的土地
融为一体
无论平原高山
还是荒漠沟渠
甚至石缝绝壁
只要有一点点
生存缝隙
我便会抓住生机
展露美丽
我的叶脉里流淌着
奉献的热望

我把我的全部感激
全部价值　去报答
泥土和根的哺育

日出日落
春风秋雨
我用光合作用
托起繁花似锦
我和我的同胞
筑成绿色屏障
护佑万物繁衍生息
我用青春年华
装点绿水青山
我用满腔热血
孕育瓜果桃李
鸟雀在枝头歌唱
行人来遮风避雨
我的最大快乐
是为大地梳妆打扮
我的最大愿望
是为生活酿造甜蜜
每年　当秋风如约而至
听雁叫长空

看黄叶纷飞
请不必惆怅
也无须叹息
我会抖动
轻盈的翅膀
任由猎猎秋风
随意把我葬在哪里
无论魂在何处
我都不会离开
与我生死相依的
这片土地
只有　只有黄土地
才是我生命的眠床
我的所有梦想
我的所有期许
都将在这里延续

明年　只待明年
春暖花开时节
我便会死而复生
舞动翻腾的波浪
此起彼伏

铺天盖地
为生机勃勃的世界
再去铺展一片新绿

落　叶

一片被秋风追逐的落叶
躲躲藏藏　偏偏要向
自己痴恋的大地飞翔
秋风狂躁地吼叫　回来
你是属于我的
只有我的命令
才是你前进的方向
落叶不语
飘进草丛
望着蓝天白云
她有一个金色梦想
让爱渗进泥土
明年春暖花开时节
就化作遍地芳香

秋风怒气冲冲
把落叶抛向空中
落叶旋转着
美丽的翅膀
跳进池塘
树影婆娑
鱼儿吹浪
落叶拨动层层水纹
写下执着的愿望
谢谢你呀　秋风
知道吗
是大地养育了我
这里才是我
爱的眠床

明年　只待明年
梦想花开
请你再来看看
灿烂的阳光下
我已化作
满池荷香

三角梅

等候得太久太久
燃烧的渴望
汇成一条彩色的河流

北斗星在风车上旋转
晚风染香了衣袖
壁炉哔哔剥剥地哼着
那支古老的歌谣
一只美丽的蝴蝶
抖开翅膀　轻轻落在
三角梅的枝头

花枝灼灼
含情脉脉

嘤嘤花语
似嗔还羞
曾经守望千年
守望千年
不见雨软风柔
唯有绿肥红瘦
不见鹊桥暗度
唯有月色如酒
为什么　一次次
错过花期
为什么　一天天
凭泪空流
为什么　一年年
望断云山
为什么　一岁岁
孑立路口
等候千年
千年等候
才有　才有今夜
这暗香初透

弯月似钩
夜色如酒

风摇树影
纷纷坠落的松果
一不小心　碰碎了
一汪离愁
不愿梦醒
偏要梦醒
洗去离愁
又是离愁
举目颦眉
忽见窗外黄叶纷飞
啊　又是秋风
乍起的时候

夏　荷

悠悠白云
盈盈碧波
阳光下　我是
那最灿烂的一朵

春夜的幽梦
随风而去
七月的笑靥
娇羞似火

彩蝶儿　在花丛飞舞
蜜蜂儿　在花中唱歌
一群群活泼的鱼儿
时时翻起浪花

在花枝的倒影里
追逐嬉闹
藏藏躲躲

可是　可是
亭亭玉立的我
每日　怅望着蓝天
只为你　吐露心香
但不知
这蓬勃燃烧的热望
何年何月
何年何月
才能向你诉说

休要迟疑
切莫错过
多少次疾风骤雨摧折
才有这最美丽的时刻

可是　可是
流浪的人啊
为什么　为什么
还在远方跋涉

任凭我 噙着泪珠儿
在这炙热的骄阳下
孑然飘香
痴痴地 为你
守着寂寞

倒下的水杉

——九寨沟纪游

骤雨初歇
海子很蓝
从山岚泻下的日光
更映照出
你的冰清玉洁
你用白皙的肌肤
向世人展示
生命的乐章
在斧声和雷电的
肆虐下
美丽不会凋谢

一蓬蓬攥动的嫩叶

总在我的梦中摇曳
辗转无眠
无论怎样梳理排解
总也躲不过
你那深情的一瞥
欲睡还醒
欲罢不能
窗外　那弯新月
声声拨响
山涧　那银亮的琴弦
余音袅袅
湖面上　隐隐约约
依然律动着
那时断时续
似有若无的音阶

不如归去
不如归去
拨开栀子花
遮掩的幽径
在浓雾散尽时分
摇一叶扁舟
划进海子

伴着你　静静地

羽化成一只

守望春天的彩蝶

秋风中的芦苇

站着　就这样站着
在秋风中摇晃着
柔弱的身姿
痴痴地为你站着
已不再亭亭
不再婆娑
思念　在浩渺的
烟波中
年年生发
年年飘落
宁愿站成
白发如雪
宁愿站得
腰弯背驼

依然执着地
仰望北雁南飞
星转斗移
眼前翻腾的
唯有这浪花朵朵
耳边缭绕的
也总是可可托海
那支断肠的情歌

远方的人啊
当年湖边惜别
执手相握
泪珠儿盈盈
你曾许诺
明年　只待明年
黄叶纷飞时刻
便摇一叶扁舟
回来看我
可是　可是
为什么
一年一度
任由猎猎秋风
漂白了这多愁绪

却始终不见
那条归舟停泊
难道 难道
就这样
你就这样
忍见断肠人
日复一日
年复一年
在水一方
痴痴地 守着
岁月蹉跎

站着 就这样站着
在秋风中站着
站成了木雕
站成了雪原
即便是站到
地老天荒
海枯石烂
那又算得了什么

我相信 我相信
总有一天

你会倏然归来
兑现那个承诺
那时候我会
奋不顾身地
扑向你的怀抱
用柔软的手臂
紧紧地　紧紧地
拥抱着你
旋转着你
为你歌唱
为你舞蹈
为你扬花
为你蓬勃

蒲公英之恋

无论如何　我都会
深深感激　感激
那个多雨的夏季
爱的滋润　悄悄
渗进泥土
一个飞翔的梦
在我心中孕育
七月的阳光
透过云层　为我
梳妆打扮
于是　抖开
翠绿的裙裾
我终于为你
吐露藏在心中

那个秘密

莫急　莫急
只待微风
吹过草坪　披上
洁白的嫁衣
我便随你　撑起
那把小伞
飞向天际
是山是水
是风是雨
无论哪里
我都愿意随你
比翼双飞
生死相依

可是　如今
秋风渐紧
雁鸣长空
黄叶遍地
望尽天涯路
却不知　你在哪里
苦苦等待

苦苦寻觅
眼前留下的
只有萋萋荒草
只有白头的我
伫立在风中
痴痴打听
你的消息

想要忘记
无法忘记
索性撑起
一把小伞
带着一群儿女
乘风而起
飞过高山
飞过大河
寻遍天涯海角
不知何处
才能寻到
你的踪迹
也不知何时
才是你的归期
才是你的归期

黄叶村秋暮

小酌几杯
面如桃花
你便有些许醉意
枕着倾斜的大山
我听到青草的呼吸

很想　很想
扯一片云絮
盖在你我身上
就这样睡去
循着曹雪芹的足迹
走进大观园的梦里

已是秋风渐紧的时候

葬花人早已离去
你可听到贾宝玉的梦呓
濡湿了潇湘竹的叹息

蓦然 你转过身来
目光如黄叶村的小溪
嘴里噙一茎草叶
咀嚼着林黛玉的诗句
花谢花飞
游丝软系
明年花发
人去空槽
却难觅春深几许

我问你梦见了什么
你眨眨眼皮 似睡非睡
瞟一眼西山暮云
竟落下丝丝细雨
你恹恹地说
桃花坞早已水满秋池
与其在这里 神游于
鸿蒙的太虚仙境
仙境鸿蒙

何如随你归去

啊　归去　归去
画一幅黄叶村
夕暮小品
题上几行诗句
夹进秋的书页吧
送给你　也留给自己

茶　　社

相视而坐　眸子里
有秋波荡漾
风　被挡在门外
茶香的馥郁
与烛光的温柔
使我们忘记了
旷野的荒凉
你的笑容　如天使般
在袅袅青烟中幻出
烟蒂烧灼了指尖
却难以熄灭　我胸中
燃烧的渴望

细细咀嚼　你的娓娓诉说

一如春风掠过青山
点点滴滴
都在叶片上闪烁
多少次雨露风霜
才汇成这雪浪花般
美丽的海洋

举盏的人啊
请把我饮尽吧
让枯萎的花瓣
在你丰腴的心地上
蓬勃怒放
你可知道　经过晾晒
和烘烤的针叶
蕴藏着无穷的韵味
而用心血培育的花蕾
一旦扑进热海
便轻歌曼舞
腾波涌浪
扑面而来的
竟是余味无穷的
醇香啊

是啊　是啊
品茶犹如品味人生
甘甜或者苦涩
个中滋味
任由你我
细细品尝
或淡泊明志
宁静致远
或苦辣酸甜
竹雨松风
只要　只要你我
今生相随
这杯清茶
都将伴随我们
风雨兼程
携手远方

啊　抬头望望
皓月当空
山的那边
云的那边
纵有九霄风雷
万重险峰

手挽着手

走向多味人生

追逐甜蜜梦想

路就在脚下

梦总在远方

围 棋

举手之间 风卷残云
白雪与黑雨倾盆而下
一座座礁石翻江倒海
心却很静

用目光构筑天罗地网
抵御围城
迂回并不意味怯懦
其实暗藏杀机
休说一枚小小棋子
一旦决胜千里
竟会落地有声

或单刀直入
攻其不备

或奇兵突袭
纵横驰骋
时而如临深渊
时而似履薄冰
你中有我
我中有你
攻中有守
守中有攻
失一子全盘皆输
牵一发而动全身
胜败乃一念之间
不可目空一切
不可喜形于色
在生与死的战争中
有谁敢说他的每场布局
总能是万无一失
天衣无缝
百战百胜

在围堵中突围
在逆境中抗争
不屈不挠
斗智斗勇

棋逢对手
友谊为重
运筹帷幄
何论输赢
围棋比赛
赛的既是棋艺
更是博爱精神

人生亦如赛场
起伏跌宕
纵横驰骋
闯惊涛骇浪
越崇山峻岭
雄关漫道
冷暖阴晴
千般磨炼
万番抗争
百折不挠
目标坚定
唯有选择正确路径
攻守兼备
步步为营
才能挥洒精彩人生

山　路

就这样盘旋着，或插入云端，或沉入谷底；就这样匍匐着，或攀着悬崖，或贴着峭壁；岁月的风雨，已将你青春的肌肤剥蚀得斑驳陆离；那裸露的古藤，向世人讲述着你的坎坷经历……

本来，你的每一块阶石，都可以去充当大厦的梁柱，用力的刚毅支撑起多彩的空间；本来，你的每一粒石子，都可以铺在那闪光的大道，让轰鸣的车轮奏出雄壮的交响曲……

但是，你却义无反顾地选择了大山，选择了贫瘠而荒芜的土地。曾经有山崩地裂，曾经有闪电霹雳，曾经有热浪侵扰，曾经有寒流袭击，这算得了什么呢？你昂起头颅，你伸出手臂，你相信，前方有一个生机勃勃的世界，高处有一片崭新辽远的天地……

于是，山路盘旋着，匍匐着，让探索者从肩头一步步走向山巅，让负重者一步步踏向胜利，让游人从身边去寻找笑声，让寻宝者去摘取大山的秘密……

山上的世界是那样五彩纷呈，山下的风光是那样美妙神奇。盛开的杜鹃花用生命的火焰映红了天空，挺拔的松柏用青春的绿荫遮盖着大地，千丈飞瀑在夕阳下喷出七色彩虹，万千鸣禽在密林深处弹奏醉人歌曲……

盘旋着，就这样盘旋着，你弓着背脊，匍匐着躯体；你忍辱负重，不避寒暑；你穿越风暴雷霆，淫雨骄阳；你胸怀大山，情系天地！你用意志、毅力、拼搏、勇气，默默地、永无怨艾地驮起一个个沉甸甸的希望，一串串长长的故事，一条条曲曲折折、锲而不舍的追求，一道道寻寻觅觅、奋勇攀登的哲理……

礁石与大海

潮来潮去
若即若离
一次次激情拥抱
一次次归于沉寂
旭日露出笑脸
风暴已经停息
沙滩上的鹅卵石
一颗颗　一串串
五彩斑斓
晶莹闪亮
如滚动的泪滴

那座孤独的礁石
佝偻着腰身

还在怅望大海
像一艘疲惫的船
在岸边喘息
是在回忆
昨日的欢愉
还是等待潮汐的
又一个归期

大海咆哮着
如惊雷轰鸣
时近时远
忽高忽低
一层层浪花
接天连碧
几只勇敢的海燕
劈开乌云
掠过浪尖
发出刺耳的叫声
暴风雨来了
暴风雨来了
仿佛不停地
在给望眼欲穿的礁石
传递暮归的消息

啊　大海与礁石
就这样守望着
痴痴地守望着
日复一日
年复一年
不离不弃
始终如一
一起守望着
那逝去的岁月
一起守望着
对未来的期许

啊　潮涨潮落
周而复始
云飞浪卷
星转斗移
一旦等到风雨过去
依然会有彩虹云翳
依然会是碧空如洗
你看　今夜风平浪静
静得几乎能够
听到大海的呼吸
举目远眺

夜色凄迷
远方那颗最亮的星星
倏然拨开云翳
亮晶晶 亮晶晶的
拖着蓝色飘逸的裙裳
从那遥远的浪花丛中
高高地 高高地升起

烟雨朦胧

烟雨朦胧
被江风久久摇动的
是你远去的背影
当漆黑的夜幕
从陡峭的山脊
悄然滑落
凝望着天边
那如豆的灯火
我不禁痛哭失声

不该　不该匆匆
解开缆绳
不该　不该匆匆
吻别许诺

不该　十里长亭
看北雁南飞
不该　风雨渡口
追舟楫相送
从此　人生的旅途
我们便天各一方
咫尺天涯
犹如银河两岸
年年七夕
那两颗翘首相望的
星星

啊　日月潭
你听到半屏山的
呼唤了吗
你看到鼓浪屿的
帆影了吗
这潺潺流淌的鹭江
就是我思念的泪水啊
那如泣如诉的海浪
就是我殷殷的叮咛
有一天　当逝去的云帆
终于又在这宁静的

港湾徐徐垂落

我会用我滴血的思念

紧紧紧紧地拴住

在风浪里颠簸摇晃

已锈蚀斑斑

不再年轻的那根缆绳

这是魂断蓝桥的地方

这是魂断蓝桥的地方
凯旋的车轮是那样
残忍地碾过她的胸膛
一个凄美的爱情故事
在人们心头久久珍藏
泰晤士河的硝烟
早已消散　而流浪的晚风
却找不到归宿　唯有
威斯敏斯特国会大厦
那古老而绵长的钟声
依然忽高忽低
忽远忽近
穿越悠悠岁月
在我心头　溅起阵阵

沉重而悠远的回响

思念如水　不知远方
那含苞待放的茉莉花
是否已然吐露芬芳
不知烟雨江南　那撑着
油纸伞的姑娘　是否
还踯躅于那盛开着
丁香花的小巷
也不知道那丢失的
琴声　是否还泣诉着
二泉映月的凄楚幽怨
更不知道　那半卷的
竹帘　是否还摇动着
浓睡不消残酒的忧伤

啊　灯火凄迷
云海茫茫
翻飞的海鸥
声声凄厉　竟把
英格兰的黄昏
飞成了故乡
此时此刻　我多么渴望

也插上长风的翅膀
飞呀 飞呀
飞向那座江南小镇
飞入那铺满鹅卵石
飘着丁香花香的小巷
啊 故乡 故乡
深情的思念
多情的目光
那才是我最初出发
一生漂泊流浪并且
必须加倍报偿 永远
梦绕魂牵 最终最终
落叶归根的地方
落叶归根的地方啊

附注：1999年10月记于伦敦，2020年初秋改于北京。

珍　惜

春风秋雨
星转斗移
人生旅途
会有多少
喜怒哀乐
生死别离
万水千山
坎坷崎岖
躬身前行
又有多少
起伏跌宕
泥泞荆棘
青春爱情
理想奋斗

拼搏机遇
失败胜利
悔恨荣誉
回望来路
弯弯曲曲
似水流年
大浪淘沙
沉淀在心底的
唯有两个大字
珍惜　珍惜

是的　珍惜
珍惜当下
珍惜未来
不积溪流
无以成海
不积跬步
无以千里
仰望星空
脚踏实地
追求成功
奋斗不息
磨难挫折

都是财富
拥有失去
都是动力

人生苦短
白驹过隙
珍惜时光
珍惜梦想
珍惜进取
珍惜勇气
珍惜分分秒秒
珍惜点点滴滴
珍惜已经拥有的
珍惜曾经失去的
只有懂得珍惜
才能所向无敌
只有记住珍惜
才是成功阶梯
珍惜他人
珍惜自己
珍惜是路
珍惜是金
与珍惜携手同行

与珍惜形影不离
让生活变得精彩
让花朵绽放美丽

啊 珍惜 珍惜
走向幸福快乐人生
务必牢牢抓住珍惜

寄月今宵

千年跋涉
万载寻觅
踏破天涯海角
穿过狂风骤雨
经历了多少生死离别
我们才相聚今夕
茫茫霄汉中　可以与我
坦荡相照　形影相随的
能有几个知己

此刻　当你倏然撩起
那云影朦胧的面纱
深邃的眸子里　流泻出来的
又总是默许

一次次 你用默默温柔
拭去 我面颊上的苦涩
一回回 你用殷殷慰藉
濡湿 我心中的孤寂
在枝摇残雪的冬夜
梅开几度
你是烧灼的思念
在桂花飘香的日子
秋水一色
你是圆满的希冀

一个微笑
便点亮 一片晴朗的天空
一束目光
就漾起 一圈迷人的涟漪
很想 拾一片月光
暖暖团圆
很想 扯一朵云絮
擦去别离
那么多甜蜜都已发生
那么多悲凄都已老去
唯有你的至爱
一如今夜

这圆圆的中秋月
高高地悬挂在我的梦中
辉耀得　这样明亮
这样美丽

雪　花

扬起风的长鞭
骑着云的骏马
一朵朵美丽的雪花
飘飘洒洒
凌空而下

我问雪花
你去哪儿
她附在耳边
吻吻我的面颊
知道吗
大地铺开了宣纸
我去写画

眨眼间　漫天皆白
白了田野
白了村庄
白了丛林
白了山洼
只听见小河
哗啦啦　哗啦啦
仿佛不停地在夸
雪花姑娘　真是一位
了不起的画家

你看　满城的小花伞
在风中绽放
飘飘闪闪
像流动的云霞
玉树琼枝
掩映着红砖绿瓦
影影绰绰
勾勒成一幅水墨画
那是谁家孩子
在路边玩耍
是堆雪人
还是松塔

不是　不是的
孩子摇摇手
笑眯眯地回答
那是喜马拉雅
他说　长大了
想当一位科学家
说着　说着
又把一面小红旗
插在雪山上
红红的小脸蛋
像朵荷花
啊　孩子的理想
真的　真的比天还高
比地还大

雪花静静地飘落
飘呀　飘呀
飘满了天涯
一朵朵　一片片
在天空飞舞
一朵朵　一片片
在我心中融化
在我心中融化

雁　　阵

一只跟着一只，排成长长的队列向前飞行。飞过多少高山峡谷，飞过多少城镇乡村，飞过多少江河湖海，飞过多少草甸森林。骄阳，晒不枯飞腾的理想；暴雨，淋不湿腾飞的憧憬；狂风，折不断搏击的翅膀；黑夜，遮不住明亮的眼睛……

一队随着一队，排成巨大的“人”字向前飞行。有人说，它很像耕田的犁尖，把明天的希望播进土层；有人说，它很像猎人的长鞭，驱赶着野马般的乌云纵横驰骋；有人说，它很像少女乌黑的发辫，把落日衬托得更加妩媚妖娆；有人说，它很像一支巨大的画笔，将万里长空泼染得万紫千红……

其实，它更像雄姿英发的战士，一路洒下激昂嘹亮的歌声。昼行，有勇敢的头雁在前方引路导航；夜宿，有忠诚的公雁在周边巡逻值更；秋去春来，始终是一个团结友爱的集体；天涯海角，到处都有它们奋力腾飞的身影……

啊，一只跟着一只，不知飞行了多少岁月，世世代代，都保持着不变的队形；一队随着一队，不知飞过了多少路程，严明的纪律赢得人们赞美声声……

雁阵的可贵之处就在于始终如“一”，同时，也把巨大的省略号写在天空。仰望雁阵，我不由得陷入深深的遐想，仿佛有一股巨大的力量在心中升腾……

走出童年

走出童年　已经走得这样久远
可我怎么也走不出
那绵长的思念
此刻　当秋风正把落叶
铺满夕照的小路
那南归的雁阵　可已穿过
晚霞泼染的群山

摘一片秋叶
吹响儿时爱听的歌谣
仿佛　又回到那月牙弯弯的夜晚
拾一片落红
抚平往日那斑驳的记忆
仿佛又钻进那绿肥红瘦的果园

母亲的纺车声　悠悠抽出
一个多么古老的故事
父亲的烟袋锅　吱吱点燃
一个多么漫长的冬天
黄河的帆影　载去了千古荒月
大树的年轮　嵌进了历史风烟
乡村的牧笛　时时都在心头缭绕
河滩的号子　依然还在耳边回旋

走出童年　已经走得这样久远
可我怎么也走不出
那深情的呼唤
故乡的小河　故乡的山峦
故乡的阡陌　故乡的炊烟
还有　还有那曾经教我
歪歪斜斜学步的小路
总在尘封的岁月里　延伸扩展
纵然　人生的海洋里如此风急浪高
故乡啊　我又怎能忘记
最初　你那送我破浪远航的
温暖臂弯……

金色池塘

许多往事都已老去
只有　只有那金色池塘
依然那样年轻而美丽

那一首没有唱完的歌
飘过高高的相思林
那一个没有猜出的谜
消失在流泪的雨季
站在塘边　站成了
一个冬天的雪人
我终于没有能够
说出那个字　终于
没有告诉你
锁在心头的

那个秘密

许多往事都已老去
只有　只有那个秘密
依然那样年轻　而美丽

跋

《热土：献给祖国的颂歌》即将付梓，总觉得还有些话想说。这是因为，我已81岁。《热土：献给祖国的颂歌》这部诗集，很可能是我这一生的谢幕之作了。

几十年来，虽然我出版了几十部诗集，尤其是写了不少科学家的颂歌，受到社会各界关注，但是我一直认为，我只是一个不称职的码字工，而且是在与癌症抗争的逆境中，被迫选择的一种与厄运抗争的方式。1981年1月15日，我正在中南海工作，因患胃癌做了胃大部切除手术，接着便是5年的化疗，骨瘦如柴。面对死亡的威胁，我能做些什么呢？经过痛苦的思想斗争，我决定选择写作。一晃42个年头过去了，回望来路，山路弯弯，起伏跌宕，经历了爬方格的苦辣酸甜，总算也取得一点成绩。面对成绩，我要特别感谢那些曾经给我关爱和鼓励的领导和朋友：是时任北京医院院长吴蔚然先生、外科主任周光裕先生妙手回春，用精湛的医术挽救了我的生命；是时任国务院副总理方毅，时任全国人大常委会副委员长陈慕华，时任中国科学院院长路甬祥、白春礼等领导，给了我无微不至的关怀；是中国科学诗的奠基人高士其先生引导我走上科学诗的创作道路；是许许多多科学家和同事给予我太多太多的鼓励；是许许多多新闻媒体记者和出版社的编辑，给了我不断前进的力量。我的每一份成绩都凝聚着他们的关心、鼓励和支持！这些，我会终生铭记。

尤其使我感动的是，广西科学技术出版社的历届领导和编辑，20多年来与我一路同行，不离不弃，始终如一地支持我的科学诗创作。早在2000年12月，该社总编辑覃春女士就主动登门约我创作了一部《科学精神颂》（与郑培明合作）长篇叙事抒情诗集，全诗近5000行，记述了中华人民共和国成立以来科技发展的重大历史事件和光辉成就。该书荣获全国优秀科普图书奖三等奖。接着，该社又在2004年12月出版了我的另一部诗集《精彩人生——人民科学家颂》。该诗集出版后引起了中央主要领导关注，并批示中宣部、教育部、团中央组织有关省（自治区、直辖市）委宣传部门，在全国重点高校和科研院所举办了以“人民科学家颂”和“科学与祖国”为主题的诗歌朗诵演唱会。北京朗诵艺术团著名朗诵艺术家殷之光先生领衔，携全国40多位著名朗诵艺术家联袂演出近50场，在社会上引起了强烈反响，这些诗歌被誉为弘扬科学家精神的正气歌，这也是我国首次为宣传科学家精神举办的诗歌朗诵演唱会。此后，广西科学技术出版社卢培钊社长、陈勇辉总编辑、罗煜涛主任又约请我创作了《脊梁：献给共和国科学家的颂歌》（2019年9月出版）、《报国：诗画共和国功勋科学家》（杨华绘画， 2021年6月出版）。这两部诗集中的许多作品被更多的朗诵艺术家，以音像和朗诵会等多种形式在国内外广为传播，尤其是在青少年学生群体中引起热烈反响，成为学校文艺活动中经常选用的诗歌。科学家精神通过声音飞向四面八方，植根于青少年的心田，我感到十分欣慰。

最近，全国各地都在纪念毛主席《在延安文艺座谈会上的讲话》发表80周年，我也再次重温了毛主席关于文艺工作的精辟论述。纵观今日文艺战线之现状，感触良多。这篇重要讲话，为文学艺术创作指明了方向。毛主席在讲话中指出，文学艺术要为人民大众而创作，为工农兵而利用。歌颂什么，反对什么，这是一个根本问题。80年前毛主席的这个讲话，至今仍然是广大文艺工作者应该认真学习、深刻领会、努力践行的根本指导方针，永远是照耀我们文艺工作者前进方向的灯塔 。

我是在毛泽东文艺思想哺育下成长起来的科技与文学工作者。我认为，在任何时候都必须把歌颂党、歌颂祖国、歌颂英雄模范人物、歌颂科学家、歌颂美好生活、歌颂人性中的真善美，作为创作活动的出发点和追求目标！

《热土：献给祖国的颂歌》这部诗集，正是我一生文学创作思想与实践的体现。由于水平所限，作品肯定会有许多不足之处，热切期待广大读者不吝指正。

郭曰方

2022年5月30日于北京